Fankultur inklusiv

Ein Leitfaden zur Entwicklung eines inklusiven Fanclubs

Christopher Mihajlovic und Julian Mihajlovic

Fankultur inklusiv

Ein Leitfaden zur Entwicklung eines inklusiven Fanclubs

Christopher Mihajlovic und Julian Mihajlovic

Reihe: bentheim:heilpädagogik

Band 2

Reihenherausgeber: Dr. Wolfgang Drave, Dr. Michael Weis

edition bentheim

Würzburg 2022

Bibliografische Information der Deutschen Nationalbibliothek

Die Deutsche Nationalbibliothek verzeichnet diese Publikation in der Deutschen Nationalbibliografie; detaillierte bibliografische Daten sind im Internet über http://dnb.dnb.de abrufbar.

1. Auflage, Erscheinungsjahr: 2022

Print: 978-3-948837-13-6

E-Book: 978-3-948837-14-3

DOI: 10.36195/978-3-948837-13-6

Barrierefreier Satz: blista e.V.

Coverdesign: Ulrike Pichl (Werbeagentur wildweiss GmbH)

Ohmstraße 7, D-97076 Würzburg

www.edition-bentheim.de

Danksagung / Förderung

An dieser Stelle möchten sich die Autoren besonders bei der Deutschen Fußball Liga e.V. (DFL) für die Förderung dieser Publikation im Rahmen des PFiFF-Programms („Pool zur Förderung innovativer Fußball- und Fankultur“) bedanken. Ein großer Dank gilt auch der edition bentheim für die Umsetzung und Publikation dieses Leitfadens in barrierefreier Form.

Vorwort der Reihenherausgeber zur (barrierefreien) Schriftenreihe bentheim:heilpädagogik

Die edition bentheim ist ein Geschäftsteil der gemeinnützigen Johann Wilhelm Klein-Akademie GmbH. Der Fachbuchverlag wurde 1985 von Dr. Wolfgang Drave in Würzburg gegründet. Die Ergebnisse eines Forschungsprojekts zur Integration blinder und sehbehinderter Kinder waren die Inhalte der ersten Veröffentlichungen. Die edition bentheim wurde nach dem Gründer der Blindeninstitutsstiftung, Graf Moritz zu Bentheim-Tecklenburg-Rheda benannt.

In der Schriftenreihe **bentheim:heilpädagogik** erscheinen Arbeiten aus dem Feld der allgemeinen Heil-, Sonder- und Inklusionspädagogik. Veröffentlichung aus diesem Themenkomplex haben eine lange Tradition in der edition bentheim und ergänzen unseren inhaltlichen Verlags-/Programmschwerpunkt (Pädagogik bei Blindheit/Sehbehinderung).

Besonders hervorzuheben ist, dass alle Publikation der Reihe zum einen als gedrucktes Print-on-demand-Buch und zum anderen als barrierefreies E-Book erscheinen. Im Sinne der Inklusion und des Universal Design war es uns dabei wichtig, bei der Produktion der Bücher kein separates Format für blinde und sehbehinderte Leserinnen und Leser zu entwickeln. Stattdessen wollten wir unsere Bücher, die bislang nur Menschen ohne Einschränkungen im Sehen zugänglich waren, so aufbereiten, dass keine oder nur wenige Hürden die Lektüre erschweren oder verhindern. Hierzu zählen u. a. eine barrierearme Schriftart in ausreichender Schriftgröße beim gedruckten Buch sowie die allgemeinen Chancen, die ein E-Book bietet (Vergrößerung, Nutzen eines Screen-Readers, etc.). Möglicherweise geht die Umsetzung mit kleineren Kompromissen für alle Zielgruppen einher, wir glauben aber (und freuen uns darüber), dass uns die Umsetzung insgesamt gut gelungen ist.

An dieser Stelle wollen wir uns zum einen bei der blista Marburg für die umfangreiche Unterstützung (sowohl inhaltlich-fachlich wie auch personell-finanziell) bei der Umsetzung der Barrierefreiheit sowie der Entwicklung einer barrierefreien Formatierungsvorlage für unsere Autorinnen und Autoren bedanken. Zum anderen gebührt unser Dank der Blindeninstitutsstiftung Würzburg, die die initiativen Entwicklungskosten für die Umsetzung des barrierefreien Buchsatzes großzügiger Weise übernommen hat.

Wir wünschen Ihnen eine spannende Lektüre!

Dr. Wolfgang Drave und Dr. Michael Weis

Herausgeber der Schriftenreihe

Inhaltsverzeichnis

Vorwort von Maik Franz

Als mich die Anfrage von Christopher und Julian Mihajlovic erreichte, für ihren Leitfaden das Vorwort zu schreiben, war ich zunächst etwas überrascht. Dies aus zweierlei Gründen: Zum einen habe ich mich gefragt, warum die beiden Hauptverantwortlichen dieser Initiative auf mich zugekommen sind. Zum anderen fiel mir auf, dass ich mich mit dem Thema „Inklusion im Fußball" zuvor noch nie richtig auseinandergesetzt hatte. Natürlich habe ich immer schon auch den Kontakt zu Rollstuhlfahrer*innen im Stadion gesucht – wie eben zu allen anderen Fans auch. Doch mit der Anfrage für dieses Vorwort fiel mir zum ersten Mal auf, dass Inklusion im Fußball so viel mehr ist als die Rollstuhlfahrerinnen und Rollstuhlfahrer nach dem Spiel abzuklatschen. Ich war sofort „geflashed" vom ersten Entwurf des Leitfadens, den mir die beiden zuschickten und wusste, dass ich dieses Projekt unbedingt unterstützen will.

In einem persönlichen Gespräch wurde dann auch schnell meine Frage beantwortet, warum ausgerechnet ich ausgewählt wurde. Christopher und Julian, beides große Fußball-Fans, kennen mich vor allem aus meiner Zeit beim Karlsruher SC – die für mich emotionalste Zeit während meiner aktiven Fußballerkarriere. Und genau hier ist die Verbindung zwischen diesem großartigen Projekt und mir: Das, was mich als Fußballer immer ausgezeichnet hat, wofür mich die Fans geliebt haben, waren meine Leidenschaft und meine Emotionen auf dem Platz. Und Leidenschaft und Emotionen sind es auch, was uns alle beim Fußball mitfiebern lässt, was uns Siege gemeinsam feiern und Niederlagen leichter ertragen lässt – unabhängig von Geschlecht, Sexualität, Herkunft oder körperlichen Beeinträchtigungen. Emotionen und Leidenschaft sind das, was uns miteinander verbindet. Niemand sollte ausgeschlossen sein.

In diesem Bereich hat sich in den vergangenen Jahren einiges getan. Viele Vereine in Deutschland haben die Barrierefreiheit in den Stadien verbessert. Bestehende Fanclubs nehmen mittlerweile auch Fans mit Handicaps auf, inklusive Fanclubs haben sich gegründet. Die ersten Schritte sind gemacht, doch der Weg sollte nun konsequent fortgeführt werden. Christopher und Julian Mihajlovic haben sich diesem Weg angenommen. Von der Deutschen Fußball-Liga (DFL) im Rahmen des

PFiFF-Programms als vorbildliches Projekt ausgezeichnet, bietet ihr inklusiver Fanclub "EFC Adleraugen" der gemeinnützigen Organisation „3 Punkte für meinen Verein e.V." sehbehinderten Fans der Frankfurter Eintracht eine Fan-Heimat: PFiFF steht für Pool zur Förderung innovativer Fußball- und Fankultur". Dies ist übrigens eine weitere Verbindung zwischen diesem Projekt und mir, trage ich ja auch den Adler in meinem Herzen.

Ein dickes "Daumenhoch" geht dabei an Johannes Reinhard, der als ehemaliger Schüler der Johann-Peter-Schäfer-Schule in Friedberg (Hessen) das Fanprojekt „EFC Adleraugen" mit ins Leben gerufen hat. Nun gehen Christopher und Julian in ihrer Leidenschaft für den Fußball und in ihrem Engagement für Inklusion noch einen Schritt weiter: Mit dem vorliegenden Leitfaden ebnen sie auch anderen Menschen den Weg für eine inklusive Fanarbeit. Sie haben ein fundiertes Instrument entwickelt, das in überzeugender Weise die praktischen Erfahrungen in der inklusiven Fanarbeit darstellt. Es bietet allen Fans und fußballinteressierten Menschen einen Einblick hinter die Kulissen eines inklusiven Fanclubs sowie positive Impulse für die nachhaltige Entwicklung einer offenen Fankultur.

Beeindruckt von Eurer Arbeit, Christopher und Julian, ist es mir eine Ehre, Euch bei Eurem Engagement zu unterstützen. Ihr habt mir die Augen geöffnet, dass ich gemeinsam mit Euch etwas anstoßen kann, was selbstverständlich sein sollte, was es aber leider oftmals noch nicht ist. Dafür bin ich euch dankbar und zugleich stolz, ein Teil dieses Projekts zu sein. Ich freue mich auf den gemeinsamen Weg, den wir hier gehen. Lasst uns gemeinsam etwas bewegen!

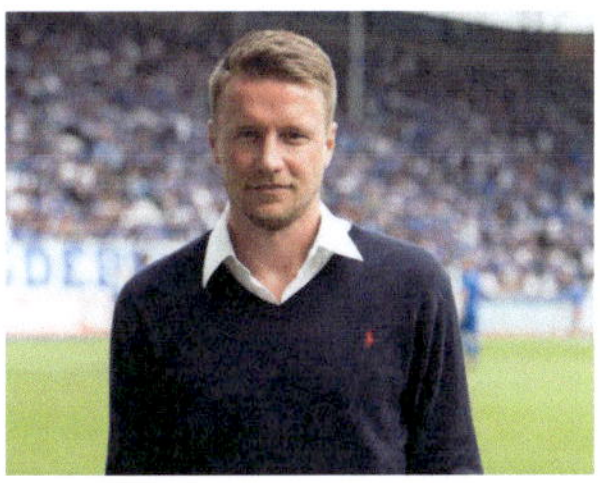

Euer Maik Franz

Quelle des Fotos: „Sportsfotos MD

1 Einführung in die Arbeit mit dem Leitfaden

Inklusion ist als Schlagwort im deutschsprachigen Raum spätestens seit der Ratifizierung der UN-Behindertenrechtskonvention (UN-BRK) im Jahr 2009 ein gesellschaftliches Dauerthema. Bislang wird Inklusion in Deutschland jedoch vor allem als schulische Strukturdebatte verstanden. Weniger Beachtung finden in den Diskussionen dagegen die weiteren Lebensbereiche, die in der UN-BRK thematisiert werden, wie etwa der Bereich „Freizeit". Dies zeigt sich an der – im Vergleich zur schulischen Inklusion – geringen Anzahl an literarischen Veröffentlichungen zu diesem Thema.

Inklusion im Kontext von Behinderung und Freizeit lässt sich demnach als wichtiges Desiderat in der pädagogischen Arbeit ausmachen. Nicht zuletzt auch deshalb, weil Freizeit im Leben aller Menschen eine hohe Bedeutung hat und die Befriedigung grundlegender (existentieller) menschlicher Bedürfnisse in diesen Bereich fällt. Anknüpfend an dieser gesellschaftlich relevanten Thematik, bietet der hier vorliegende Leitfaden einen Einblick in die Arbeit eines inklusiven Fanclubs.

Das Fanprojekt „Adleraugen" wurde ursprünglich von Fußballfans mit einer Sehbeeinträchtigung gegründet, und hat sich zum Ziel gesetzt, alle interessieren Menschen auf Basis ihres gemeinsamen Interesses am Thema „Fußball" zu vereinen. Im Rahmen eines Pilotprojekts der Organisation „3 PUNKTE für meinen Verein e.V." wurde dieser Leitfaden zur Entwicklung eines "inklusiven" Fanclubs entwickelt, der sich an den entsprechenden Kriterien des „Index für Inklusion" orientiert und in barrierefreier Form konzipiert wurde.

Der Leitfaden zeigt als „Good Practice" Beispiel auf, wie ein lokaler Fußball-Fanclub organisiert sein kann, und welche Möglichkeiten und Grenzen in der Fanarbeit bestehen. Zentrales Anliegen des Leitfadens ist es, die praktischen Erfahrungen weiterzutragen und damit Anregungen zu liefern, ähnliche Fanprojekte auch an anderen Standorten zu initiieren.

Viel Spaß beim Lesen, sowie viel Erfolg und Freude bei der Umsetzung!

Christopher Mihajlovic & Julian Mihajlovic

1.1 Zielsetzung und inhaltlicher Aufbau des Leitfadens

„Fankultur inklusiv“ ist ein Leitfaden für die Entwicklung eines inklusiven Fanclubs. Der Leitfaden wurde von der gemeinnützigen Organisation 3 PUNKTE für meinen Verein e.V. basierend auf der mittlerweile 10-jährigen Erfahrung im Rahmen der inklusiven Fanarbeit entwickelt. Inhaltlich orientiert sich der Leitfaden in seiner Gesamtform sowohl am Index für den organisierten Sport (DBSV, 2014), als auch am Index für die Jugendarbeit zur Inklusion von Kindern und Jugendlichen mit Behinderung (vgl. Meyer & Kieslinger, 2014). Der Praxisteil von „Fankultur inklusiv“ orientiert sich strukturell am Leitfaden „Kurz und gut: Inklusion im Sport“, herausgegeben von Special Olympics Deutschland e.V. (SOD, 2018).

Die Ziele des Leitfadens:

- Förderung des Aufbaus einer inklusiven Fankultur
- Sensibilisierung für Inklusion in Fanclubs und Fanprojekten
- Orientierungshilfe für Fanclubs zur Umsetzung von inklusiven Kulturen, Strukturen und Praktiken

Der Leitfaden „Fankultur inklusiv“ ist jedoch nicht als Konzept zu verstehen, welches in dieser Form in die Praxis implementiert werden kann. Vielmehr bietet er praxisbezogene Anregungen für Fanclubs, ihre Arbeit zu reflektieren und ihren Fanclub inklusiver auszurichten. Die Ideen stellen mögliche Beispiele aus der Praxis dar, wie interessierte Fanclubgründer und bereits bestehende Fanclubs vorgehen können, um ihren Fanclub „inklusiv“ auszurichten. Dabei werden Erfahrungen (auch aus der Perspektive der Fans mit Handicap) reflektiert und weisen auf wichtige Stellschrauben hin, die zum Gelingen eines „inklusiven“ Fanclubs beitragen können.

Wichtige inhaltliche Fragen, die in diesem Leitfaden behandelt werden, sind:

- Wie wird die Mitgliedschaft eines Fanclubs beim Verein beantragt? Welche formalen Aspekte müssen berücksichtigt werden?
- Umfeldanalyse und Analyse der Zielgruppe: Welche inklusiven Strukturen müssen geschaffen werden?
- Welche Barrieren können auftreten? (personelle Ressourcen, Aufbau von Unterstützerkreisen, finanzielle Rahmenbedingungen)

- Welche Kooperationsmöglichkeiten gibt es? (Vernetzung mit anderen lokalen Faninitiativen, Schulen, Vereinen, Organisationen der Behindertenhilfe)
- Finanzielle Aspekte (Möglichkeiten der finanziellen Förderung)
- Öffentlichkeitsarbeit (Welche Maßnahmen zur Erhöhung des Bekanntheitsgrads sind von Bedeutung?)
- Exemplarische Aktivitäten des Fanclubs unter Berücksichtigung der lokalen Gegebenheiten:
    - Organisation von regelmäßigen Fanclubtreffen
    - Regelmäßige Stadionbesuche
    - Kooperation mit Schulen bzw. Bildungseinrichtungen (z.B. im Rahmen einer schulischen Projektwoche)

In Hinblick auf die zukünftige Ausgestaltung der Fanarbeit ist es von Bedeutung, Praxiserfahrungen beim Aufbau eines Fanclubs weiterzugeben und somit für Nachhaltigkeit im Umgang mit beeinträchtigten Fußballfans zu sorgen.

1.2 Zielgruppe

Als primäre Zielgruppe werden Einrichtungen der Behindertenhilfe sowie inklusiv arbeitende Bildungseinrichtungen angesprochen. Zudem richtet sich der Leitfaden an die Behinderten- und Fanbeauftragten der Vereine, sowie sozialpädagogischen Fanprojekte und andere Fanclubs. Der Leitfaden soll dieser Zielgruppe als ein möglichst praxisnahes und handhabbares Instrument dienen und einen möglichst schnellen Einstieg in die Thematik ermöglichen. Daher ist es von großer Bedeutung, dass wir dem Leser bzw. der Leserin des Leitfadens ein praktikables Instrumentarium anbieten können, um so zeitnah inklusive Strukturen und Praktiken in der Fanarbeit aufbauen zu können.

Zudem soll der Praxisteil dieses Leitfadens inhaltlich von den Fans mit Handicap geprägt und im gegenseitigen Dialog aufgebaut werden. Dabei werden gemeinsam Texte verfasst, die die Erfahrungen der Menschen mit Behinderung aus dem Fanclubarbeit transparent machen und anderen Fans als Orientierungshilfe dienen können.

2 Grundlagen und Hintergründe

2.1 Inklusion im Lebensbereich Freizeit

Inklusion: Was bedeutet das?

Für den Inklusionsbegriff gibt es unterschiedliche theoretische Rahmungen. In vielen Ländern zeigt sich in den vergangenen Jahren eine starke mediale Präsenz der menschenrechtlichen Rahmung. Diese lässt sich vor allem auf die Ratifizierung der UN-Behindertenrechtskonvention (UN-BRK) zurückführen, mit einem Recht auf lebenslanger Bildung und gleichen Teilhabechancen für Menschen mit Behinderung in einem inklusiven Bildungssystem. Häufig wird das Thema Inklusion im deutschsprachigen Raum jedoch weitgehend auf den Lebensabschnitt „Schule" und das Heterogenitätsmerkmal „Behinderung" reduziert. Ein weit gefasstes Inklusionsverständnis im Sinne der UN-BRK geht jedoch über die Kategorie „Behinderung" hinaus und nimmt auch andere Dimensionen (wie z.B. das Geschlecht, Alter) in den Blick. Zudem möchte der Begriff Inklusion im Vergleich zum Integrationsbegriff einen Perspektivenwechsel vollziehen: Inklusion berücksichtigt ausdrücklich jedes Individuum mit seinen individuellen Bedürfnissen, ohne eine Anpassung an eine bestimmte Norm zu verfolgen. Inklusion richtet sich somit an die spezifischen Bedürfnisse des Menschen und versucht, ein diskriminierendes „Zwei-Gruppen-Denken" zu überwinden (vgl. Hinz, 2010).

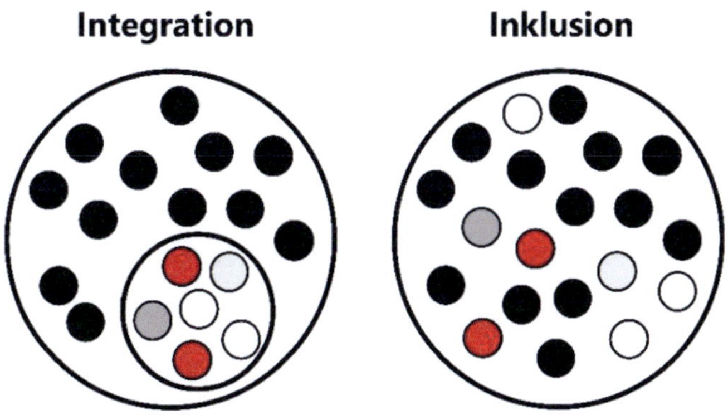

Abb.1: Unterschiede zwischen den Begriffen Integration und Inklusion (eigene Darstellung)

Inklusion geht unter diesem erweiterten Verständnis zudem über die Lebensphase der Schule hinaus: Im Kontext des Empowerment-Ansatzes wird „Inklusion" unab-hängig von der Institution und der jeweiligen Lebensphase verstanden, so ist aus-drücklich auch die Lebensphase nach der Schule (z.B. Wohn- und Arbeitsformen) gemeint. Im Sinne des Empowerment-Ansatzes, ist Inklusion eng an das Leitprinzip der „Barrierefreiheit" (Theunissen, 2013, S. 19) geknüpft: „Um Barrierefreiheit zu schaffen, müssen die Strukturen, Institutionen und Dienstleistungsagenturen der Gesellschaft so verändert werden, dass sie den Rechten, Interessen und Bedürfnis-sen aller Mitglieder einer Gesellschaft entsprechen können". Das Leitprinzip der Barrierefreiheit („Accessibility") umfasst unter diesem Verständnis also nicht nur die bauliche Umwelt, die den Betroffenen den physischen Zugang zu barrierefreien Gebäuden ermöglicht. Barrierefreiheit umfasst ausdrücklich die Anpassung aller gesellschaftlichen Strukturen an die Mitglieder einer Gesellschaft. Dies ist nur auf der Grundlage einer verstärkten Berücksichtigung der Interessen und Bedürfnisse aus der Betroffen-Perspektive möglich, und hat folglich Einflüsse auf die Angebots-strukturen entsprechender Organisationen und Kostenträger. Exemplarisch führt Theunissen (2013) an, dass zeitgemäße Wohnformen im Sinne von Inklusion nicht als additive Angebote betrachtet werden sollten, sondern als bedarfs- und bedürf-nisorientierte Regelsysteme.

Inklusion im Lebensbereich Freizeit

Obwohl gerade dem Freizeitbereich besonderes Inklusionspotenzial zugeschrieben wird (vgl. Markowetz, 2015; Trescher, 2015), findet er im wissenschaftlichen Diskurs, sowie in der inklusiven Praxis kaum Beachtung. Der Lebensbereich Freizeit bietet im Sinne des Inklusionsgedankens potenziell viele Möglichkeiten der Vergemein-schaftung von Menschen aller erdenklichen Heterogenitätsdimensionen und hat damit ein großes Potenzial die im Sinne einer gesamtgesellschaftlichen Etablierung von Inklusion. In Artikel 30 der Konvention der Vereinten Nationen über die Rechte von Menschen mit Behinderung (UN-BRK) wird die „Teilhabe am kulturellen Leben sowie an Erholung, Freizeit und Sport" gefordert. Weitere Artikel, die innerhalb der

UN-BRK mit der Verbesserung der Situation behinderter Menschen im Lebensbereich Freizeit in Zusammenhang stehen sind die Artikel 9 (Zugänglichkeit), 19 (Unabhängige Lebensführung), 20 (persönliche Mobilität), 21 (Barrierefreiheit), 22 (Achtung der Privatsphäre) und 29 (Teilhabe am politischen und öffentlichen Leben) (BMAS, 2011). Das eingeforderte Recht für behinderte Menschen an der gleichberechtigten Teilhabe am kulturellen Leben, Sport und Freizeit wird in Artikel 30 in den Absätzen 1, 2 und 4 in Bezug auf die das kulturelle Leben wie folgt spezifiziert:

- Zugang zu erfassbarem kulturellem Material
- Zugang zu kulturellen Aktivitäten
- Zugang zu Orten kultureller Bedeutung
- Entfaltung des eigenen kreativen Potentials

Der Lebensbereich der Freizeit hat in diesem Kontext folgende Merkmale: Die Definition des Sinns und die Formen der Handlungen im Lebensbereich Freizeit obliegen den individuellen Freizeitbedürfnissen (vgl. Opaschowski, 1990) eines jeden Menschen. Freizeit ist im Sinne eines positiven Freizeitbegriffs losgelöst von der reinen Erholung von (Erwerbs-)Arbeit. Der gesellschaftliche Lebensbereich der Freizeit wird im Sinne des Inklusionsgedankens begriffen als potenziell inklusiver Lebensbereich, in dem gesellschaftliche Barrieren zwischen Menschen marginalisiert bzw. in einem normativ „utopischen" Gedanken aufgelöst werden können. Dem Lebensbereich Freizeit wird dabei ein Charakter der Begegnung und Vergemeinschaftung (Freizeit als Ort kommunikativen und sozialen Miteinanders) zugeschrieben, der Diskursteilhabebarrieren (in Zusammenhang mit Selbstbestimmung und Partizipation) dekonstruiert (vgl. Trescher, 2015).

2.2 Inklusion und Fankultur

Während die Inklusion von Jugendlichen und Erwachsenen mit Behinderungen im schulischen Bereich immer häufiger funktioniert, scheint ihre Teilhabe an der Gesellschaft außerhalb dieser Settings selten zu gelingen. Eine Möglichkeit, vorhandene Barrieren zu überwinden, stellt die Begegnung von Menschen mit und ohne

Behinderung auf der Basis gleicher Hobbies bzw. Interessen dar. Fußball weist aufgrund seiner Beliebtheit ein besonders hohes Potenzial auf, als gemeinsames Hobby zu dienen (Grünke, Ropohl & Semmling, 2016). Dies gilt sowohl für die aktive Ausübung, als auch für das Interesse an dieser Sportart. Allerdings hat besonders der Fußball enorme exklusive Tendenzen, wenn die wettkampfbezogene Orientierung am Ergebnis im Vordergrund steht. Dies ist häufig bei der aktiven Ausübung dieses Sports in heterogenen Gruppen problematisch, da sportliche Wettkämpfe meist aufgrund ihrer homogenen Strukturen (Spieler auf vergleichbaren Leistungsniveaus) als spannend erlebt werden. Das gemeinsame Interesse an einem Verein und dessen Fankultur bildet dagegen den Grundstein für die Vergemeinschaftung von Menschen mit und ohne Behinderung in diesem Freizeitbereich, wobei die motorischen Voraussetzungen kaum eine Rolle spielen. So können sich auch Menschen mit intellektuellen Beeinträchtigungen häufig über viel Wissen über ihren Lieblingsverein und die Liga aneignen, um auf dieser Basis mit anderen Fans ein Gespräch führen zu können (Southby, 2013). Die Studie von Grünke, Ropohl & Semmling (2016) konnte exemplarisch die Bedeutung von Fanclubs für die soziale Inklusion von Menschen mit Lernbeeinträchtigungen in der Gesellschaft aufzeigen. So betonten die interviewten Fans in dieser Studie die Rolle des Zugehörigkeitsgefühls und die Bedeutung von sozialen Kontakten durch die Mitgliedschaft in ihren Fanclubs. Wie Pilz (2012) betont, löst vor allem die extrovertierte Art der Vereinsunterstützung und die Selbstdarstellung der fanatischen Anhänger (die sogenannten „Ultras") mit Hilfe von aufwendigen Blockchoreografien und Spruchbändern Faszination unter den jugendlichen Fußballanhängern aus. Der enge Zusammenhalt dieser Fangruppierung wurde jüngst bei den vereinsübergreifenden Protesten und Beleidigungen gegen den Mäzen des Profifußballvereins TSG Hoffenheim, Dietmar Hopp, deutlich. Im Rahmen der Fanarbeit sollte also auch immer ein kritischer und reflexiver Umgang mit den relevanten Fanthemen und den unterschiedlichen Fangruppierungen erfolgen, wobei die positiven Aspekte der Fankultur stets im Vordergrund stehen sollten.

Um die (positive) Fußballfankultur weiter zu beleben und sich noch stärker in der Fanarbeit zu engagieren, hat die Deutsche Fußball Liga e.V. (DFL) im Jahre 2014 den „Pool zur Förderung innovativer Fußball- und Fankultur" (PFiFF) ins Leben gerufen. Grundgedanke von PFiFF ist es, Impulse zur Weiterentwicklung einer positiven Fußball- und Fankultur zu geben, indem lokale Fanprojekte gefördert werden, die sich der Bewältigung von gesellschaftlichen Herausforderungen wie z.B. der Inklusion, sowie den Dialog zwischen allen rund um den Profifußball Beteiligten verbessern (vgl. DFL, 2019).

Anknüpfend an diesen Grundideen erfolgt auch in der Fanarbeit des Fanclubs „EFC Adleraugen" eine kritische Auseinandersetzung mit den Werten und Idealen, die im Profifußball und in der Fankultur verankert sind. Dazu gehört die Kommerzialisierung des Fußballs, der Umgang mit Rassismus und Fremdenfeindlichkeit, aber auch die mögliche Diskriminierung von Menschen mit Behinderung. Inklusion im Freizeitbereich sollte folglich nicht nur als eine pädagogische Angelegenheit betrachtet werden. Es ist vielmehr eine gesellschaftliche Aufgabe. Eine wichtige Rolle spielt dabei das jeweils vorhandene Menschenbild. Eine positive Einstellung gegenüber Heterogenität gilt als Voraussetzung für eine inklusive Gesellschaft und kann ebenso – im negativen Sinne – als Barriere fungieren (vgl. Trescher, 2015). Neben der Überwindung von technischen bzw. räumlichen Barrieren (z.B. rollstuhl- und sehbehindertengerechte Plätze im Stadion, digitale Barrierefreiheit in z.B. in Form von zugänglichen Webseiten für alle) geht es vor allem darum, gesellschaftliche Denkweisen „inklusiv" zu gestalten (vgl. Burkhardt & Mihajlovic, 2019). Als Grundvoraussetzungen müssen zunächst Möglichkeiten des „Sich-Begegnens" von Menschen mit und ohne Beeinträchtigung in einem geeigneten Rahmen geschaffen werden, um mögliche Vorurteile abzubauen. Das Fanprojekt „Adleraugen" bietet einen solchen Rahmen, wobei es darum geht, Menschen auf Basis ihres gemeinsamen Interesses am Thema Fußball zu vereinen.

2.3 Vom „Fanprojekt“ zum Fanclub: Kurzvorstellung des „EFC Adleraugen“

Der offizielle Eintracht Frankfurt Fanclub "EFC Adleraugen" wurde in Kooperation mit der Johann-Peter-Schäfer Schule Friedberg (einer Schule mit dem Förderschwerpunkt „Sehen“) gegründet. Der Fanclub ist einer der wenigen „inklusiven“ Fanclubs in der Bundesliga. Die Gründung des Fanclubs „Adleraugen“ geht auf die Initiative eines ehemaligen Schülers mit einer Sehbeeinträchtigung und Eintracht Frankfurt-Fans zurück. Ins Leben gerufen wurde die Initiative im März 2011 zunächst in Form von einem „Fanprojekt“ von mehreren Schülerinnen und Schülern in Zusammenarbeit mit einem Lehrer an der bereits erwähnten sonderpädagogischen Bildungseinrichtung. Das „Fanprojekt“ wurde zunächst als freiwilliges Angebot in der unterrichtfreien Zeit eingeführt und in Form von einem Pilotprojekt zunächst auf ein Schuljahr beschränkt. Das Fanprojekt stieß innerhalb kürzester Zeit auf reges Interesse unter Kindern und Jugendlichen mit unterschiedlichen Beeinträchtigungen und etablierte sich als „Treffpunkt“ für die Fußball-Fans der Einrichtung. Die wöchentlich stattfindenden Projekttreffen stießen in der Schulgemeinde auf positive Resonanz und schon bald wurde klar, dass sich das Fanprojekt als langfristig angelegtes Angebot etablieren könnte. In der Folgezeit fanden auch erste gemeinsame Stadionbesuche andere Aktivitäten mit der Projektgruppe statt. Als die Mindestanzahl von 15 Fans erreicht wurde (Gründungskriterium), erfolgte schließlich die offizielle Gründung des Eintracht Frankfurt Fanclubs, der sich von nun an „EFC Adleraugen“ nannte. Seit der offiziellen Gründung der Fanclubs haben sich insgesamt 70 Fans mit und ohne Handicap dem Fanclub angeschlossen. Neben (ehemaligen) Schülerinnen und Schülern gibt es auch pädagogische Mitarbeiter der Einrichtung, sowie andere Fans, die dem Eintracht Fanclub beigetreten sind. Dies zeigt, dass solche Freizeitangebote mit integrativem bzw. inklusivem Charakter gefragt sind.

Zu den Kernaktivitäten des Fanclubs gehört die eigenständige Organisation von gemeinsamen Stadionbesuchen zu Heim- und Auswärtsspielen von Eintracht Frankfurt. Die Angebote der Fanprojektarbeit gehen weit über den Besuch von Fußballspielen hinaus: Besondere Aktivitäten sind im Frankfurter Raum zum einen regelmäßige Veranstaltungen, wie etwa „Stammtischtreffen“, sowie zum anderen selbst organisierte Events, die den Fanclubmitgliedern zur Teilnahme zur Verfügung stehen. Besonderen Wert legen die Gründer des Fanprojekts darauf, dass das Projekt wirklich für jeden Menschen offen ist. Dadurch soll ein Beitrag zur Inklusion in der Fan-Szene geleistet werden, ein Aspekt, der im wettkampforientierten Fußballsport häufig zu kurz kommt.

3 Der Index für Inklusion als Orientierung- und Umsetzungshilfe

Zur Umsetzung von Inklusion liegen in vielen Bereichen bereits Handreichungen und praktische Implementierungshilfen vor, die sich alle am „Index für Inklusion" (vgl. Booth & Ainscow, 2002) orientieren. Bisher wurden entsprechende Instrumente für folgende Bereiche erarbeitet:

- der Index für Inklusion für den Bereich Schule (deutsche Übersetzung durch Boban & Hinz, 2003) und die Schulentwicklung (Booth & Ainscow, 2017)
- der Index für Inklusion für Kindertagesstätten (Booth, Ainscow & Kingston 2006)
- der kommunale Index für Inklusion (McDonald, Olley 2002; Montag Stiftung Jugend und Gesellschaft, 2010/2011)
- der Index für die Jugendarbeit (Meyer & Kieslinger, 2014) und
- der Index für den organisierten Sport (Deutscher Behindertensportverband, 2014).

3.1 Drei Dimensionen des Index für Inklusion

Der Index für Inklusion wird von den Institutionen meist als Orientierungsleitfaden zur Implementierung von inklusiven Kulturen und Strukturen hinzugezogen, er kann aber auch als Instrument zur Selbstevaluation für inklusive Vorhaben hinzugezogen werden. Insgesamt wird zwischen drei Dimensionen des Index für Inklusion unterschieden, die sich ursprünglich auf den Bereich Schule beziehen (vgl. Boban & Hinz, 2003, S.17):

- inklusive Kulturen schaffen
- inklusive Strukturen etablieren
- inklusive Praktiken entwickeln

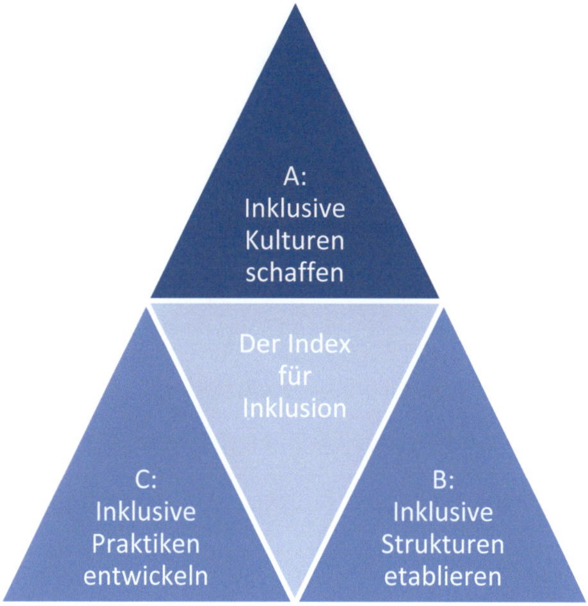

Abb.2: Der Index für Inklusion in Anlehnung an Boban & Hinz, 2003 (eigene adaptierte Darstellung)

Bevor die Adaption dieser drei Ebenen auf die Arbeit im Fanclub erfolgt, werden die drei Dimensionen exemplarisch aus dem Index für Inklusion in Kindertagesstätten (Kitas) nochmals etwas ausführlicher beschrieben. Diese umfassen laut Booth, Ainscow & Kingston (2006, S.72 ff.) folgende Dimensionen und Indikatoren:

Dimension A: Inklusive Kulturen entwickeln

Bereich A.1 Gemeinschaft bilden

A.1.1 Jeder soll sich willkommen fühlen.

A.1.2 Die Kinder helfen sich gegenseitig.

A.1.3 Die Erzieherinnen arbeiten gut zusammen.

A.1.4 Die Mitarbeiter/innen und Kinder begegnen sich mit Respekt.

A.1.5 Es gibt eine Partnerschaft zwischen Mitarbeiter/innen und Eltern.

A.1.6 Die Erzieherinnen stellen eine Verbindung zwischen den Ereignissen in der Einrichtung und dem Leben der Kinder zu Hause her.

A.1.7 Die Erzieherinnen arbeiten gut mit dem Träger zusammen.

A.1.8 Die Einrichtung öffnet sich zum Stadtteil.

Bereich A.2 Inklusive Werte verankern

A.2.1 Jeder, der mit der Einrichtung beschäftigt ist, beteiligt sich am Einsatz für Inklusion.

A.2.2 Von allen Kindern wird viel erwartet.

A.2.3 Alle Kinder werden als gleich wichtig behandelt.

A.2.4 Die Einrichtung hilft den Kindern, mit sich zufrieden zu sein.

A.2.5 Die Einrichtung hilft den Eltern, mit sich zufrieden zu sein.

Dimension B: Inklusive Leilinien etablieren

Bereich B.1 Eine Einrichtung für alle entwickeln

B.1.1 Die Mitarbeiter/innen werden bei Stellenbesetzungen und Beförderungen fair behandelt.

B.1.2 Allen neuen Erzieherinnen wird bei der Einarbeitung und Eingewöhnung geholfen.

B.1.3 Alle Kinder der Nachbarschaft werden ermutigt, die Einrichtung zu besuchen.

B.1.4 Die Einrichtung wird so umgestaltet, dass sie allen Menschen zugänglich wird.

B.1.5 Allen neuen Kindern wird bei der Eingewöhnung geholfen.

B.1.6. Die Erzieherinnen bereiten die Kinder gut auf den Übergang in andere Einrichtungen vor

Bereich B.2 Unterstützung von Vielfalt organisieren

B.2.1 Alle Arten der Förderung werden koordiniert.

B.2.2 Fortbildungsveranstaltungen helfen den Mitarbeiter/innen, auf die Vielfalt der Kinder und Jugendlichen einzugehen

B.2.3 Die Leitlinien des „besonderen Förderbedarfs" sind Leitlinien für Inklusion.

B.2.4 Die Richtlinien zum „besonderen Förderbedarf" werden dazu genutzt, Barrieren für Spiel, Lernen und Partizipation aller Kinder zu verringern.

B.2.5 Die Förderung der Kinder, deren Muttersprache nicht Deutsch ist, kommt allen Kindern zugute.

B.2.6 Die Hausregeln verbessern die Einrichtung für alle Kinder.

B.2.7 Der Druck auf Kinder, die als „Störenfriede" betrachtet werden, wird reduziert.

B.2.8 Eine barrierefreie Einrichtung wird angestrebt.

B.2.9 Das Schikanieren von Kindern wird unterbunden

Dimension C: Inklusive Praxis entwickeln

Bereich C.1 Spiel und Lernen gestalten

C 1.1 Bei der Planung der Aktivitäten wird an alle Kinder gedacht.

C.1.2 Die Aktivitäten regen alle Kinder zur Kommunikation an.

C.1.3 Die Aktivitäten ermutigen alle Kinder zur Teilnahme.

C.1.4 Die Aktivitäten wecken das Verständnis für die Unterschiede zwischen Menschen.

C.1.5 Die Aktivitäten wirken Vorurteilsbildung entgegen.

C.1.6 Die Kinder können ihr Lernen und Spielen aktiv gestalten.

C.1.7 Die Kinder kooperieren bei Spiel und Lernen.

C.1.8 Tests unterstützen die Leistungen aller Kinder.

C.1.9 Die Mitarbeiter/innen regen die Kinder zu Selbstdisziplin und respektvollen Beziehungen an.

C.1.10 Die Mitarbeiter/innen planen die Aktivitäten, werten sie aus und beteiligen sich daran partnerschaftlich.

C.1.11 Lernassistentinnen fördern Spiel, Lernen und Partizipation aller Kinder.

C.1.12 Alle Kinder beteiligen sich an gemeinsamen Aktivitäten

Bereich C.2 Ressourcen mobilisieren

C.2.1 Die Einrichtung ist so ausgestattet, dass Spiel, Lernen und Partizipation gefördert werden.

C.2.2 Die Ressourcen werden gerecht verteilt.

C.2.3 Die Unterschiede zwischen den Kindern werden als Ressourcen für die Förderung von Spiel, Lernen und Partizipation genutzt.

C.2.4 Das Fachwissen der Mitarbeiter/innen wird in vollem Maße genutzt.

C.2.5 Die Erzieher/innen entwickeln gemeinsame Hilfsmittel, um Spiel, Lernen und Partizipation zu fördern.

C.2.6 Ressourcen in der Umgebung der Einrichtung sind bekannt und werden genutzt.

Deutlich wird, dass der Index für Inklusion ein recht flexibles Instrument ist, welches sich an die spezifischen Rahmenbedingungen der jeweiligen Einrichtungen bzw. Zielstellungen anpassen lässt. Eine Stärke des Leitfadens liegt also sicherlich in seiner Flexibilität und Modifizierbarkeit. Die Indikatoren und Fragen sind so offen formuliert, dass sie situativ an die Bedürfnisse der jeweiligen Einrichtung angepasst werden können und zur Reflexion des (pädagogischen) Handelns anregen.

Im Rahmen des nächsten Kapitels soll der von uns für die Fanarbeit adaptierte „Index für Inklusion" vorgestellt werden. Bei der Etablierung von inklusiven Kulturen, Strukturen und Praktiken wurden aus dem relativ komplexen Fragenkatalog lediglich die für das Fanprojekt relevanten Fragen hinzugezogen.

3.2 Vorgehensweise im Index-Prozess

Wie die folgende Abbildung zeigt, besteht der Index-Prozess aus insgesamt fünf Phasen. Auch bei in der Fanarbeit können die fünf Phasen des Index-Prozesses als Orientierungshilfe bei der inklusiven Ausrichtung des Fanclubs dienen. Die Phasen wurden folglich in diesem Leitfaden auf das Handlungsfeld der Fanarbeit übertragen: Phase 1: Den Index-Prozess beginnen / überarbeiten, Phase 2: Die Situation (im Fanclub) beleuchten, Phase 3: Die Ziele und Prioritäten festlegen, Phase 4: Die Prioritäten umsetzen, Phase 5: Den Inklusionsprozess evaluieren.

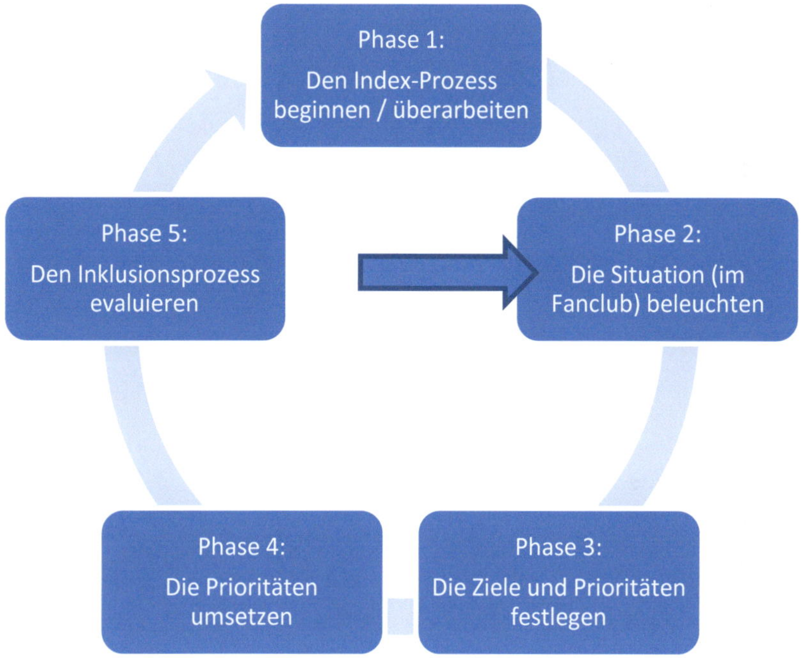

Abb. 3: Phasen im Index-Prozess, adaptierte Darstellung nach Booth, Ainscow, Kingston (2006)

Bei der Übertragung der idealtypischen Phasen auf das Feld der Fanarbeit wurde vor allem der Index für die Jugendarbeit zur Inklusion von Kindern und Jugendlichen mit Behinderung (vgl. Meyer & Kieslinger, 2014) und der Index für den organisierten Sport hinzugezogen.

Phase 1

Die Phase 1 (Den Index-Prozess beginnen) ist in der Fachliteratur als erster Schritt bei der Einleitung des Index-Prozesses definiert worden. Dieser gilt in der Regel als abgeschlossen, wenn ein Index-Leitungsteam gebildet und eine gemeinsame Sichtweise entwickelt wurde, wie der Index in die (Fan-)Arbeit eingeführt wird. Die Phase 1 wird also laut dem idealtypischen Prozess (vgl. Booth, Ainscow, Kingston, 2006) nur einmal bei der Implementation des Index-Prozesses durchlaufen. In unserem Fall wurde auf die Phase 1 auch dann zurückgegriffen, wenn es personelle Änderungen gab, sich das Leitungsteam also geändert hatte. In diesem Fall wurde der Index-Prozess überarbeitet und die Sichtweisen der einzelnen Teammitgliederinnen und Mitglieder zum Thema Inklusion ausgetauscht und mit einbezogen. In dieser Anfangsphase ist es sehr wichtig, das vorhandene Wissen der Teammitglieder zusammenzutragen und die jeweils vorliegenden Haltungen zum Thema Inklusion zu reflektieren (vgl. Meyer & Kieslinger, 2014). Zudem ist es von Bedeutung, die inklusiven Kulturen, Strukturen und Praktiken des Fanclubs mit Hilfe der Indikatoren zur Selbstevaluation zu analysieren. Somit kann die aktuelle Situation im Fanclub beleuchtet werden, bereits vorliegende Potenziale aufgedeckt und weitere Entwicklungsschritte definiert werden. In dieser Phase kann es zudem hilfreich sein, Hilfe von außen hinzuzuziehen (einen sogenannten „kritischen Freund").

Phase 2

Phase 2 knüpft inhaltlich an der ersten Phase an. In dieser Phase wurde vor allem das Wissen und das „Know-How" von externen Personen miteinbezogen. In unserem Fall bekamen wir in dieser Phase professionelle Unterstützung durch zwei erfahrene „Coaches" im Rahmen eines „Startsocial"[1]-Beratungsstipendiums. In dieser dreimonatigen Beratungsphase erhielten wir regelmäßig Hilfestellung bei relevanten Entwicklungsfeldern wie beispielsweise der Organisationsentwicklung, der Fi-

[1] Startsocial ist ein bundesweiter Businessplan-Wettbewerb zur Förderung sozialer Projekte und Ideen unter der Schirmherrschaft der Bundeskanzlerin Dr. Angela Merkel (www.startsocial.de).

nanzplanung und dem Projektmanagement. Ein wichtiger Schritt stellte die Erstellung eines Projektplans dar. In diesem Plan wurden kurz- und langfristige Prioritäten festgelegt und grundsätzliche Verantwortungsbereiche geklärt. Mit Unterstützung der beiden startsocial-„Coaches" konnten auch Möglichkeiten der Finanzierung des Fanclubs (z.B. Beantragung von Fördermitteln) und Maßnahmen zur Erhöhung des Bekanntheitsgrades und der regionalen Vernetzung festgelegt werden. Dabei wurden bereits erste Aufgaben und Rollen innerhalb des Teams verteilt, die den festgelegten Prioritäten zugeordnet wurden.

Phase 3

Die in Phase 2 festgelegten groben Prioritäten und Maßnahmen wurden in Phase 3 ausdifferenziert und in Form von einem „inklusiven Plan" konkretisiert. Dabei wurden innerhalb des Teams konkrete Vorgehensweisen und Prioritäten abgestimmt, Aufgaben verteilt und diese schriftlich festgehalten. Dieser Plan enthielt somit alle geplanten Aktivitäten sowie Meilensteine, die innerhalb eines konkreten Zeitraums (6 Monate) durchgeführt werden sollten (siehe Abb.4, „Zeit- und Meilensteinplan"). Dabei wurden die bestehenden Ressourcen und die geplanten Aktivitäten und Vorhaben zum Ausgangspunkt der weiteren Strategie gemacht (vgl. Meyer & Kieslinger, 2014). Zudem wurden auch langfristig angelegte Ziele bzw. Meilensteine festgelegt, die auch in einem längerfristig angelegten Zeitraum erreicht werden sollten.

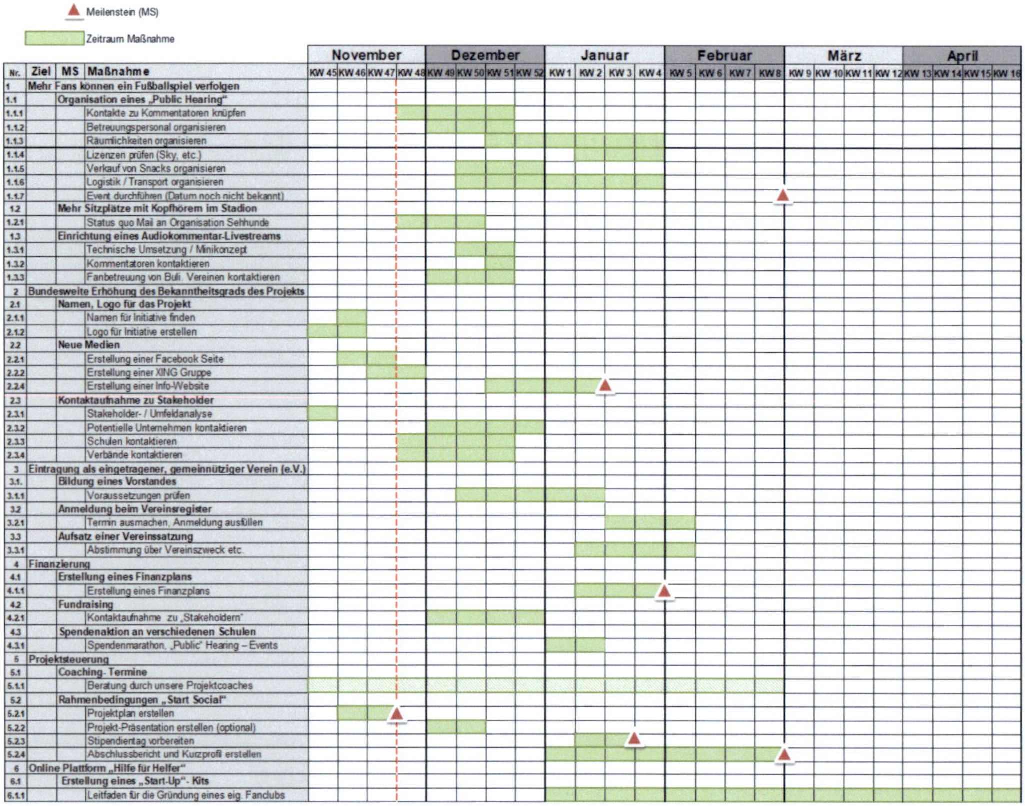

Abb.4: Beispiel eines Zeit- und Meilensteinplans

Hinsichtlich der Planung von inklusiven Angeboten wie z.B. der Organisation eines „Public Hearing“-Events (gemeinsame Teilnahme an einer Live-Übertragung eines Bundesligaspiels in Form von einem Audio-Angebot von Eintracht Frankfurt) lagen Aufgaben z.B. in der Organisation barrierefreier Räumlichkeiten, technischer Hilfsmittel sowie in der Mobilisierung von Begleitpersonen, die die Fans während des gesamten Events betreuen. Neben der konkreten Planung von einzelnen kontaktfördernden Aktivitäten lag der Fokus in dieser Phase auf der Öffentlichkeitsarbeit, sowie dem Aufbau von benötigten Unterstützungsstrukturen und Kooperationen (z.B. zum Fanclubverband von Eintracht Frankfurt).

Phase 4

In Phase 4 erfolgte dann die Umsetzung der in Phase 3 festgelegten Prioritäten. Ein Einblick in die durchgeführten Maßnahmen und Angebote erfolgt im nächsten Kapitel, in dem es um das Praxisbeispiel des inklusiven Fanclubs „EFC Adleraugen" geht.

Phase 5

In der abschließenden Phase 5 erfolgt die Evaluation der durchgeführten Aktivitäten und Maßnahmen. Die Evaluation sollte dabei – wenn möglich - sowohl auf Vorstands- bzw. Leitungsebene erfolgen, als auch auf der Ebene der Fanclubmitgliederinnen und Mitglieder mit und ohne Behinderung. Um diese unterschiedlichen Perspektiven in den Evaluationsprozess aufzunehmen, bietet sich die Verwendung von Fragebögen an, die sich inhaltlich und sprachlich an die jeweiligen Zielgruppen richten. Die bereits vorgestellten Indikatoren und Leitfragen des Index für Inklusion können dabei als Gliederungshilfe dienen. Wichtig ist es, dass die Evaluation schriftlich dokumentiert wird und sowohl strategische Fragen (z.B. Öffentlichkeitsarbeit, Kooperationen, Förderung), als auch inhaltliche Fragen der Angebotsplanung und -gestaltung (Art und Umfang der Aktivitäten, Sicherung der Unterstützung) in den Blick nimmt (vgl. Meyer & Kieslinger, 2014). Beispiele für die Evaluation des Fanclubs Adleraugen werden im Anhang dieses Leitfadens zur Verfügung gestellt.

3.3 Der Index für die Fanarbeit: Indikatoren zur Selbstevaluation

Der Index für Inklusion kann einerseits zur Implementierung von inklusiven Vorhaben dienen, er kann jedoch auch als Instrument zur Selbstbewertung und Evaluation hinzugezogen werden. Zur Selbstevaluation dienen (Leit-)Indikatoren, die sich an dem konkreten Vorhaben – in unserem Fall der Entwicklung eines inklusiven

Fanclubs – orientieren. Inhaltlich lehnen sich die Indikatoren an den bereits vorgestellten drei Dimensionen des Index für Inklusion an: „Inklusive Kulturen", „inklusive Strukturen" und „inklusive Praktiken".

Anknüpfend an Vorarbeiten (Index für den organisierten Sport, Index für die Jugendarbeit zur Inklusion von Kindern und Jugendlichen mit Behinderung) wurden die entsprechenden Leitindikatoren aufgegriffen und in Bezug auf die Fanarbeit ausdifferenziert. Dabei wurden die bestehenden Evaluationskriterien (für Sportvereine- und Organisationen und für die Kinder- und Jugendarbeit) gesichtet und „passende" Items daraus entnommen und adaptiert. Das Evaluationskriterien im Überblick:

Inklusive Kulturen schaffen: „inklusives Denken in einem Fanclub etablieren"

Leitindikatoren:

- Eine Fan-Gemeinschaft bilden
- Inklusive Werte verankern

Inklusive Strukturen etablieren: „Barrierefreiheit und Gestaltung/Anpassung von Angeboten"

Leitindikatoren:

- Einen Fanclub für alle entwickeln
- Inklusive Strukturen nutzen

Inklusive Praktiken entwickeln: „Passgenaue Aktivitäten anbieten"

- Geeignete Aktivitäten entwickeln
- Unterstützung sichern und Ressourcen weiterentwickeln

Als Skalen zur Bewertung haben sich numerische Skalen (z.B. 5er Skalen) bewährt (vgl. Meyer & Kieslinger, 2014). Diese Form der Evaluation wurde auch in diesem Vorhaben verwendet (Sie Fragebögen im Anhang). Die Evaluation der Arbeit setzt dabei auf zwei Ebenen an: Einerseits bei der Leitung des Fanclubs, und andererseits bei den Mitgliederinnen und Mitgliedern mit und ohne Beeinträchtigung. Das Evaluationsinstrument wurde dabei zusätzlich in „leichter Sprache" angefertigt, um den Fans mit einer kognitiven Beeinträchtigung gerecht zu werden. Im Folgenden sollen die Indikatoren für die Entwicklung des Fanclubs für den Vorstand bzw. die Leitung des Fanclubs etwas ausführlicher vorgestellt werden.

Fankultur und inklusive Werte
Jede/r ist willkommen.
Neue Mitglieder werden freundlich empfangen und aufgenommen.
Jede/r, der Teil des Fanclubs ist, bejaht Inklusion und beteiligt sich an der Umsetzung von Inklusion.
Es herrscht ein respektvoller Umgang unter allen Beteiligten.
Jeder im Fanclub wird gleichbehandelt und wertgeschätzt.
Wenn jemand Hilfe benötigt, erhält er Unterstützung.
In den Aktivitäten bekommt Jede/r, der sich mitzuteilen versucht, die volle Aufmerksamkeit.
Der Fanclub führt Aktivitäten zur Sensibilisierung der Mitglieder/innen durch, mit dem Ziel, ein Bewusstsein für die Lebens- und Unterstützungssituation von Menschen mit Behinderung zu schaffen (z.B. Informationsveranstaltungen).
Der Fanclub verfügt über ein Leitbild/eine Konzeption zur Umsetzung von Inklusion.

Barrierefreiheit und Strukturen
Die Leitung des Fanclubs beseitigt soziale Barrieren bzw. räumliche Zugangsbarrieren im Fanclub, um eine umfassende Teilhabe zu ermöglichen.
Die Anreise und der Zugang zum Stadion und gemeinsamen Treffen ist für alle ohne Probleme möglich.
Wichtige Informationen des Fanclubs sind für alle zugänglich und verständlich (z.B. Beseitigung sprachlicher Barrieren, einfache Sprache).
Der Vorstand bzw. die Leitung informiert über die Angebote des Fanclub (Artikel auf Homepage, Zeitung etc.).
Die Angebote und Aktivitäten des Fanclubs werden inhaltlich so gestaltet, dass sie von allen genutzt werden können.
Unterstützung und Begleitung von Fans mit einer Beeinträchtigung wird organisiert und koordiniert.

Es werden Kooperationsbeziehungen genutzt, um inklusive Aktivitäten zu ermöglichen.
Ehrenamtliche werden zur Unterstützung behinderter Fans gewonnen (Pool von Volunteers, Patenmodelle).
Neuen Mitgliederinnen und Mitgliedern wird geholfen, sich im Fanclub einzugewöhnen.
Alle Beteiligten werden bei der Planung, Umsetzung und Reflexion der Aktivitäten miteinbezogen und können Verbesserungsvorschläge einbringen

Aktivitäten und Praktiken
Angebote und Aktivitäten werden so adaptiert bzw. entwickelt, dass alle daran teilnehmen können (z.B. ohne Wettbewerb, Arbeiten an einem gemeinsamen Projekt).
Die Aktivitäten sind so aufgebaut, dass sie Berührungsängste abbauen können, Ausgrenzung und Vorurteilsbildung vermeiden und das Verständnis für Unterschiede entwickeln können (häufige, gemeinsame Aktivitäten, neue Erfahrungen, angenehme Atmosphäre).
Der Fanclub organisiert kontaktfördernde und kommunikative Aktivitäten, damit alle Fans zur Interaktion und Kommunikation angeregt werden.
Die Unterstützung behinderter Fans ist zu jeder Zeit gesichert
Es wurde ergänzend eine von anderen Institutionen unabhängige Unterstützungsstruktur aufgebaut (z.B: Unterstützerkreise, Ehrenamtliche Mitarbeiter/innen)
Das Fachwissen bzw. die Expertise aller Beteiligten wird in vollem Maße gebündelt und genutzt.
Allen Beteiligten wird die Möglichkeit der Fortbildung bzw. Weiterqualifikation gewährleistet.
Die Zusammenarbeit mit bestehenden Kooperationspartnern wird optimiert (z.B. Behindertenfanverband) bzw. neue Kooperationspartner werden zur nachhaltigen Sicherung inklusiver Aktivitäten gewonnen.
Ehrenamtliche werden zur Unterstützung behinderter Fans gewonnen (Pool von Volunteers, Patenmodelle).
Vernetzung und gemeinsame Projekte/Aktivitäten im Stadtteil werden angestoßen (z.B. mit Vereinen, Bildungsinstitutionen)

4 Das Praxisbeispiel des Fanclubs „Adleraugen"

Die Gründung des Fanclubs „Adleraugen" hatte ursprünglich das Ziel, an einer Einrichtung mit dem Förderschwerpunkt „Sehen" ein inklusives Freizeitangebot im Sinne der UN-Konvention für Menschen mit Behinderungen zu etablieren. Dieses langfristig angelegte, freiwillige Freizeitangebot richtete sich in erster Linie an alle interessierten Schülerinnen und Schüler unabhängig des Alters, des Geschlechts und der individuellen Förderschwerpunktes. Die Mitgliederinnen und Mitglieder des Eintracht Frankfurt Fanclubs stammten aus unterschiedlichen Abteilungen („geistige Entwicklung", „körperliche und motorische Entwicklung", „Lernen") und unterschiedlichen Klassenstufen der Schule. Neben den interessierten Schülerinnen und Schülern gab es auch pädagogische Mitarbeiterinnen und Mitarbeiter der Einrichtung, die dem Eintracht Fanclub beigetreten sind.

Die Fans des Fanclubs EFC Adleraugen kommen (noch heute) aus verschiedenen Städten und häufig aus kleinen ländlichen Orten und haben sehr lange Anfahrtswege zu geeigneten Freizeitangeboten. Aufgrund ihrer Sehbeeinträchtigung und z.T. anderen Beeinträchtigungen sind viele der Mitgliederinnen und Mitglieder zudem in ihrer Mobilität eingeschränkt, was die Kontaktaufnahme zu Jugendlichen mit gleichen Interessen zusätzlich erschwert. Umso schwieriger stellt es sich für viele Jugendliche mit Behinderung dar, einem bereits bestehenden Fanclub beizutreten. Das Fanprojekt bietet eine der wenigen Möglichkeiten für blinde und sehbehinderte Fußballfans zur Kontaktaufnahme zu anderen Kindern und Jugendlichen.

Mittlerweile hat sich der Fanclub „Adleraugen" als eigenständiges Angebot etabliert und zählt mehr als 70 Mitgliederinnen und Mitglieder mit und ohne Behinderung. Im Sinne von Markowetz (2015) muss in einer inklusiven Gesellschaft die traditionelle Kultur des Helfens überwunden werden, und Menschen mit Behinderungen nicht länger als anweisungs- und behandlungsbedürftiges Klientel betrachtet, sondern als Experten in eigener Sache anerkannt werden. Diese Denkweise spiegelt sich auch in der pädagogischen Arbeit des Fanprojekts „Adleraugen" wider, indem es darum geht, die individuellen Freizeitbedürfnisse der Fanclubmitgliederinnen und Mitglieder angemessen zu berücksichtigen und die Autonomie des Individuums in den Vordergrund zu rücken (vgl. dazu auch Mihajlovic, 2015).

Eine wichtige Rolle, um inklusive Prozesse in den Gang zu bringen, spielt dabei die Haltung der Beteiligten. Eine Haltung, die „Behinderung" als einen „normalen" Bestandteil von einer Gesellschaft betrachtet und als Ausdruck gesellschaftlicher Vielfalt wertschätzt, sollte das Ziel bei der Entwicklung einer „inklusiver Fankultur" sein. Die positive Haltung gegenüber Vielfalt bezieht sich dabei nicht nur auf den Umgang mit Kindern mit Beeinträchtigungen, sondern auch auf andere Diversitätsdimensionen wie z.B. das Geschlecht oder Interkulturalität. Nicht nur für Menschen mit einer Behinderung kann der Umgang mit anderen Mitmenschen wertvolle Erfahrungen bringen und soziale Kompetenzen stärken. Im Sinne des Inklusionsgedankens sollen also auch gerade auch Menschen ohne Handicap für den Umgang mit Menschen mit Behinderung sensibilisiert werden. Bei blinden Fans bzw. Fans mit einer Sehbeeinträchtigung sollten die „sehenden Fans" zunächst einmal für die spezifischen Bedürfnisse der sehbeeinträchtigten Fans sensibilisiert werden. Dies kann durch Eigenerfahrungen thematisiert werden (Simulation einer Sehbehinderung) oder auch im direkten Dialog mit den entsprechenden Fans. Gleiches gilt für den Aspekt der Körperbehinderung, wo z.B. Eigenerfahrungen im Rollstuhl zu einer Sensibilisierung für körperbeeinträchtigte Fans führen kann und mögliche Barrieren offenlegt (z.B. Wie gestaltet sich für einen körperbeeinträchtigten Fan die An- und Abreise zum Stadion?) Aktivitäten müssen sich dementsprechend an den Bedürfnissen der Fans orientieren.

4.1 Kooperationen

Kooperationen im näheren Umfeld sind aus unterschiedlichen Gründen von großer Bedeutung. So können Kooperationspartnerinnen und Partner beispielsweise dabei behilflich sein, um einen Zugang zu interessierten Fans mit und ohne Beeinträchtigung zu erhalten oder sich einem bereits bestehenden Angebot anzuschließen. Bei Kooperationen sollten vorab wesentliche Fragen geklärt werden (vgl. SOD, 2018):

- Soll ein komplett neuer inklusiver Fanclub gegründet werden oder neue Teilnehmerinnen und Teilnehmer für ein bestehendes Angebot gewonnen werden?
- Welche Zielgruppe soll angesprochen werden und was genau ist das Ziel des Fanclubs?

Praxisbeispiel EFC Adleraugen:

In unserem Fall informierten wir uns zunächst über bereits bestehende Fanclubs und mögliche Kooperationspartner in der Region Rhein-Main. Zunächst stellte sich uns die Frage: Gibt es vielleicht schon einen Fanclub in der Nähe? Wenn ja, besteht die Möglichkeit, sich einem bestehenden Fanclub anzuschließen. Da zum Zeitpunkt der Gründung kein passendes Fanangebot in der Region verfügbar war, erfolgte die Neugründung des Fanclubs „Adleraugen" aufgrund einer Eigeninitiative von sehbehinderten Kindern und Jugendlichen.

4.1.1 Umfeldanalyse: Welche Angebote gibt es bereits in der Region?

Es gibt Fanclubs für Menschen mit und ohne Behinderung, die sich über neue Mitgliederinnen und Mitglieder freuen. Die folgende Liste enthält ausgewählte Fanclubs und Fanprojekte in unterschiedlichen Regionen.

Kontakt zu (inklusiven) Fanclubs in Deutschland

- HSV Fanclub „Holsten Anker" (in leichter Sprache): https://lhhh.de/tag/hsv-fanclub/
- Fanclub Seehunde (Hamburg) – Fanclub für blinde und Sehbehinderte: http://fanclub-sehhunde.de/
- Inklusiver Fanclub von Eintracht Braunschweig: https://www.eintracht-inklusiv.de
- Inklusiver Fanclub von Arminia Bielefeld: https://www.neue-schmiede.de/freizeit/arminen-schmiede/
- KFC Uerdingen Fanclub „All inclusive": https://www.dulst.de/kcf-fanclub-all-inclusive.html

Fanprojekte:

Augsburg Calling (https://fcaugsburg.de/wns/fans/augsburg-calling/)

Die Faninitiative bietet seit der Saison 2006/07 bei Heimspielen des FC Augsburg ein kulturelles Rahmenprogramm für Gäste- und Heimfans an. Gemeinsam mit dem FC Augsburg und der Regio Augsburg Tourismus GmbH gestaltete „Augsburg Calling" das Programm in der Saison 2014/15 erstmals inklusiv und barrierefrei.

Fanpatenschaften (https://dekull.de/fanprojekt/)

„Fanpatenschaften" heißt ein innovatives Projekt, welches das Fanprojekt *De Kull* in Kooperation mit mehreren freien Trägern sowie Abteilungen der Stadtverwaltung in Mönchengladbach realisiert hat. Dabei übernehmen Fans freiwillig Patenschaf-ten für 14- bis 18-jährige Jugendliche aus Mönchengladbach und unterstützten diese bei Problemen und Fragen rund um Schule, Familie und Beruf.

4.1.2 Zugang zur Zielgruppe

Fußballfans mit und ohne Behinderung können auf verschiedene Weise darauf auf-merksam gemacht werden, sich einem bestehenden Fanclub anzuschließen. Dabei können folgende Vorgehensweisen sinnvoll sein:

- Direkte Ansprache der potenziellen Teilnehmerinnen und Teilnehmer in ihrem Lebensumfeld, ggf. über eine Kontaktperson (in Schule, Behindertenwerkstatt, Fanclub)
- Über einmalige niedrigschwellige Angebote, die das Interesse der Zielgruppe wecken (z.B. über eine schulische Projektwoche, Mitmach-Angebote)
- Informationen in der Presse veröffentlichen, Poster (wenn möglich in Leichter Sprache) in Vereinen, Schulen und in Einrichtungen der Behindertenhilfe aushängen

- Informationen über einen Social Media-Account verbreiten (z.B. via Facebook, Instagram)

4.1.3 Mögliche Kooperationspartner

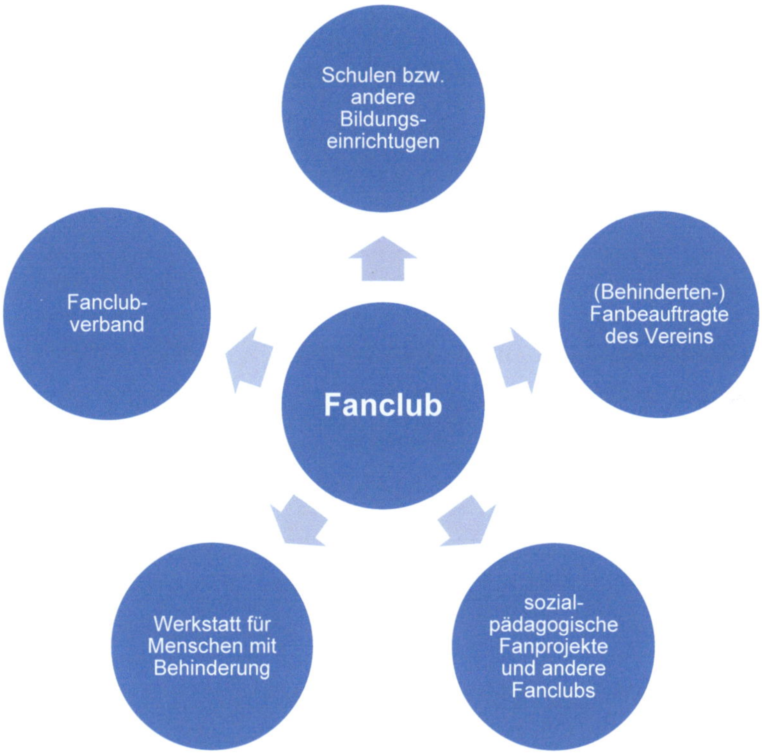

Abb. 5: Mögliche Kooperationspartner eines (inklusiven) Fanclubs

Kooperation Fanclub – Schule

Die Schule als Kooperationspartner bietet den Vorteil, dass häufig die Räumlichkeiten der Schule genutzt werden können und eine Begleitung durch Lehrkräfte bzw. geschultes pädagogisches Personal gegeben ist. Insbesondere sonderpädagogische Bildungseinrichtungen verfügen bereits aufgrund ihrer spezifischen Schülerschaft barrierefreie Räumlichkeiten (z.B. rollstuhlgerechte Eingänge, Aufzüge, behindertengerechte WCs). Zudem ist es hilfreich, dass das pädagogische

Personal von Schulseite die Kooperation begleitet, da diese häufig über die entsprechende sonderpädagogische Expertise verfügt und Kontakte zu interessierten Schülerinnen und Schülern aufbauen kann. Auch für den gemeinsamen Besuch von Fußballspielen ist ausgebildetes Begleitpersonal elementar. Die Vernetzung mit fußballbegeisterten Lehrkräften an den jeweiligen Schulen bietet also ein besonderes Potenzial. So können regelmäßige Fanclub-Treffen beispielsweise im Rahmen von einer Arbeitsgemeinschaft (AG) oder in der unterrichtsfreien Zeit am Nachmittag in der Schule stattfinden. Der Vorteil der Gründung einer AG liegt darin, dass die Fanclubarbeit als offizielles pädagogisches Angebot der Schule organisiert ist und rechtliche Aspekte (insbesondere zur Versicherung der minderjährigen Teilnehmerinnen und Teilnehmer) von Seiten der Schule abgedeckt werden.

Kooperation Fanclub – Werkstatt für Menschen mit Behinderung

Auch Werkstätten für Menschen mit Behinderung (WfB) bieten – ähnlich wie Schulen – entsprechende räumliche und personelle Vorteile. Häufig sind die Mitarbeiterinnen und Mitarbeiter einer WfB in Wohnheimen bzw. betreuen Wohnformen untergebracht. Eine Abstimmung mit den jeweiligen Wohnheimen ist also von Bedeutung, um gemeinsame Treffen der Fans zu organisieren und Stadionbesuche – die häufig an den Wochenenden stattfinden – mit dem Zeitplan der Wohnheime in Einklang zu bringen.

Kooperation Fanclub – (Behinderten-)Fanbetreuung des Vereins

Die Kooperation mit der Behindertenfanbetreuung eines Vereins ist von großer Bedeutung, um Möglichkeiten der Unterstützung bei der Anreise zum Stadion (z.B. Fahrservice) und beim Erwerb von geeigneten Eintrittskarten zu erwerben. So können spezielle Eintrittskarten für Fans mit einer Behinderung in der Regel nur über die Behinderten-Fanbetreuung eines Vereins bezogen werden. Beispielsweise ist es bei Eintracht Frankfurt so, dass zu den Heimspielen Fans mit einer Behinderung erst nach der Registrierung einen Anspruch auf Tickets auf speziellen Plätzen haben. Dafür muss ein Nachweis (zum Beispiel der Behinderten-Ausweis) vorgelegt werden. Es gibt Karten für Fans mit einer Sehbehinderung, Fans mit einer Gehbehinderung, Fans im Rollstuhl und Fans mit Merkzeichen G.

Für Fans mit einer Sehbehinderung gibt es eine besondere Hilfe im Stadion. Spezi-ell ausgebildete Reporter beschreiben das Spiel auf dem Platz besonders genau. Eine weitere Person kümmert sich um die Technik und hilft, wenn es Fragen gibt. Außerdem gibt es für alle Fans mit einer Behinderung einen kostenlosen Transport zum Stadion. Seit der Saison 2019/20 gibt es aufgrund der Corona-Situation sogar einen ganz besonderen Service für alles Fans mit Handicap: Die Bundesligaspiele der Eintracht werden über das Internet in Form von einem Live-Stream als (blin-denspezifischer) Audiokommentar übertragen und können von allen Fans mit ihren mobilen Endgeräten empfangen werden.

Kooperation Fanclub – sozialpädagogische Fanprojekte bzw. andere Fan-clubs

Auch Kooperationen mit anderen Fanprojekten und Fanclubs sind hilfreich, um sich in der „Fanszene" zu vernetzen und gemeinsame Aktivitäten zu planen. Beispiels-weise kann dies zunächst über ein niedrigschwelliges Angebot, wie einem Treffen im Stadion während eines Heimspiels erfolgen. So können insbesondere Fanclubs, die bisher noch nicht in Kontakt mit Fans mit Handicap in Berührung gekommen sind, für deren Bedürfnisse sensibilisiert werden. In der Praxis entstand zum Beispiel beim EFC Adleraugen eine Brieffreundschaft zwischen einem anderen Eintracht Frankfurt Fanclub. Zwar fanden gemeinsame Treffen eher selten statt, dennoch ent-wickelte sich – durch das regelmäßige Schreiben von Briefen bzw. E-Mails – ein reger Erfahrungsaustausch durch das gemeinsame Interesse für den gleichen Fuß-ballverein.

Kooperation Fanclub – Fanclubverband

Der Fanclubverband ist in der Regel ein wichtiger Ansprechpartner, wenn es um die offizielle Gründung des Fanclubs geht. In der Regel muss ein Antrag zur Auf-nahme in den offiziellen Kreis der Fanclubs gestellt werden, wobei zunächst ein Probejahr ansteht, und anschließend eine Aufnahme-Urkunde für den Fanclub aus-gestellt wird. Der Vorteil einer Kooperation mit dem Fanclubverband liegt zudem in der guten Vernetzung des Fanclubverbands. Dadurch können aktuelle Informa-tionen gut verteilt werden und zu den Zielgruppen gelangen. Der Fanclubverband informiert in der Regel alle Fanclubs des Verbands über Neuigkeiten, die die

Fanszene des Vereins betrifft, und besondere Aktionen und Veranstaltungen. So gibt es bei Auswärtsspielen im Ausland häufig vom Fanclubverband organisierte Reisen, die für die Fanclubs offenstehen. Auch zur Jahreshauptversammlung werden die Fanclubs eingeladen, und können durch einen oder mehrere Vertreter des Fanclubs vor Ort vertreten werden.

4.2 Organisatorische Aspekte

4.2.1 Gründung eines offiziellen Fanclubs in drei Schritten

4.2.1.1 Schritt 1: Gründung

Auf der Internet-Seite von deinem Lieblings-Verein gibt es Informationen, wie du einen Fanclub gründen kannst. Oft gibt es ein Formular, dass du auf Internet-Seite des Vereins herunterladen kannst. Du kannst aber auch erst beim Fansprecher des Vereins informieren. Die Zulassung als offizieller Fanclub von Eintracht Frankfurt wird von der Eintracht Frankfurt Fußball AG erteilt. Mit der Abwicklung des Antragsverfahrens und der laufenden Betreuung der Fanclubs hat der Verein Eintracht Frankfurt den unabhängigen Eintracht Frankfurt Fanclubverband e.V. (EFFV) ins Leben gerufen. Dieser ist als Dachverband für die offiziellen Eintracht Frankfurt Fanclubs (EFC´s) zuständig und deren Ansprechpartner.

Die Anmeldung eines offiziellen Fanclubs bringt Vorteile, aber auch Pflichten. Zu den Vorteilen gehört, dass ein Fanclub einfacher Karten für Spiele bekommen kann. Zu den Pflichten gehört, dass der Fanclub Verantwortung für seine Mitglieder trägt.

Bei der Anmeldung eines Fanclubs müssen verschiedene Regeln beachtet werden (Stand September 2020):

- Dein Fanclub braucht eine bestimmte Anzahl von Mitgliedern (derzeit innerhalb Deutschlands: 15 Eintracht-Fans und außerhalb Deutschlands: 7 Eintracht-Fans
- Ein Mitglied muss 18 Jahre alt sein, oder älter als 18 Jahre

- Dein Fanclub braucht mindestens drei volljährige Ansprechpartner (z.B. Vorstand)
- Dein Fanclub muss erklären, dass er keine Gewalt und Fremdenfeindlichkeit akzeptiert und mit den Werten des Vereins einverstanden sein. Verstöße gegen diese Prinzipien sind ein Grund für die Verweigerung oder die Entziehung der Zulassung.

Um den Fanclub zu gründen, müssen alle Mitgliederinnen und Mitglieder mit den Regeln einverstanden sein. Außerdem müssen wichtige Fragen geklärt werden. Die wichtigste Frage ist: Wie solle der Fanclub denn heißen? Jeder Fanclub braucht einen eigenen Namen. Gemeinsam solltet ihr überlegen, wie euer Fanclub heißen soll und euch dann auf einen Namen einigen. Fanclubs müssen sich einen Namen geben, der einen Bezug zum Verein oder einen direkten Bezug zum beantragenden Fanclub beinhaltet.

Wenn du alles geschafft hast, gibst du den Antrag mit der Liste der Mitglieder an den Fanclub-Verband deines Vereins weiter.

4.2.1.2 Schritt 2: Probejahr

Der Fanclub-Verband prüft nun den Antrag. Anschließend beginnt ein „Probejahr". In diesem Jahr muss der Fanclub alle Aktivitäten (zum Beispiel Stadionbesuche, gemeinsame Treffen) dokumentieren. Dein Fanclub sollte ein aktives Leben führen und regelmäßige Mitgliedertreffen organisieren. In diesem Probejahr sollten auch Verantwortlichkeiten innerhalb des Fanclubs geklärt werden: Zum Beispiel könnt ihr besprechen, welches Mitglied bestimmte Aufgaben übernimmt. Jeder Fanclub sollte einen Kassenwart haben, der für die Finanzen verantwortlich ist. Außerdem ist es wichtig, dass ein Vorstand gebildet wird, der als Ansprechpartner für alle Mitgliederinnen und Mitglieder zur Verfügung steht. Das Probejahr wird mit einem Abschlussgespräch mit dem Vorstand des EFFV beendet.

4.2.1.3 Schritt 3: Beurteilung und Verleihung des Titels

Es ist fast geschafft! Es gibt euren Fanclub nun über ein Jahr. Am Ende des Jahres muss dein Fanclub eine Liste mit allen bisherigen Aktivitäten dem Fanclub-Verband geben. Auch eine aktuelle Liste der Mitgliederinnen und Mitglieder musst du an den Fanclubverband weitergeben. Bei positiver Beurteilung schlägt der EFFV der

Eintracht Frankfurt Fußball AG die Zulassung des Fanclubs und die Verleihung des offiziellen Titels vor. Die Verleihung der Urkunde erfolgt ausschließlich auf der einmal jährlich stattfindenden Versammlung der Fanclubs. Ist auch dieser Schritt geschafft, kann sich dein Fanclub „EFC" nennen! Mit Erhalt des offiziellen Titels ist der Fanclub berechtigt, die von Eintracht Frankfurt für die offiziellen Fanclubs gewährten Vorteile in Anspruch zu nehmen (z.B. Ermäßigte Dauerkarten, Fanartikel).

4.2.2 Barrierefreiheit

Der Abbau räumlicher Barrieren und kommunikativer Barrieren („einfach Sprache", Blindenschrift, Gebärdensprache) sind wichtige Aspekte, die für die Etablierung inklusiver Strukturen von Bedeutung sind. Wie bereits erwähnt, bietet es sich an, Kooperationen mit Einrichtungen im Bereich der Behindertenhilfe zu nutzen, um auch Zugang zu deren Räumlichkeiten zu haben. In der Regel sind diese zumindest teilweise „barrierefrei" zugänglich. So erfüllen die jeweiligen Einrichtungen meist die besonderen Bedürfnisse von Menschen mit motorischen Beeinträchtigungen (z.B. rollstuhlgerechte Aufzüge, Toiletten, Lagerungshilfen), und je nach Förderschwerpunkt auch andere Besonderheiten (z.B. blinden- und sehbehindertenspezifische Aspekte). Zu den blinden- und sehbehindertenspezifischen Raumaspekten gehören beispielsweise Leitlinien, die Beleuchtung, die Beschriftung der Räume in Braille-Schrift, aber auch die Auswahl ausreichender Kontraste bei der Farbgestaltung der schulischen Räume. Neben dem Zugang zu den Räumlichkeiten ist es wichtig, dass auch das direkte Umfeld „barrierefrei" zugänglich ist: Dazu gehören „Ankommensbereiche", Verweilorte für individuelle Gespräche, Aufenthaltsbereiche im Innen- und Außenbereich, sowie Sport- und Spielflächen.

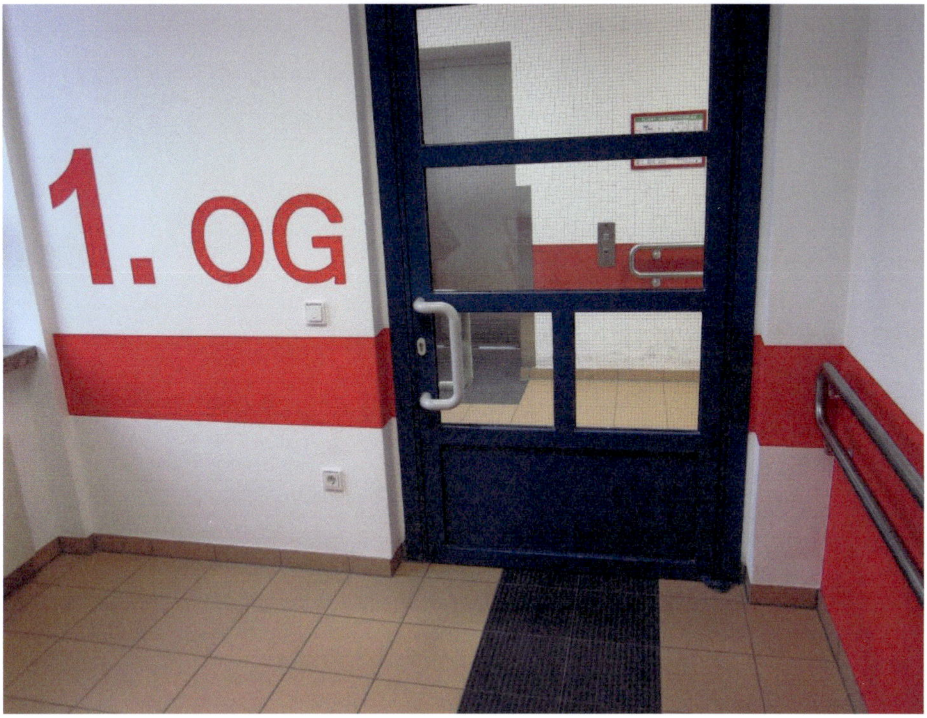

Abb.6: Kontrastreiche Gestaltung des Treppenhauses mit taktilem Bodenleitsystem einer Einrichtung mit dem Förderschwerpunkt „Sehen"

4.2.2.1 Informationen zu Vereinen und Stadien in leichter Sprache

Die Anreise zu Auswärtsspielen erfordert für viele Fans "mit Handicap" eine sorgfältige Vorbereitung. Die folgenden Links wurden zusammengestellt, um wichtige Informationen zur barrierefreien An- und Abreise zum Stadion, sowie zu Ansprechpartnern und Sitzplätzen bereitzustellen.

Barrierefrei ins Stadion

Der Fußball-Reiseführer "Barrierefrei ins Stadion" (für die 1. bis 3. Liga) ist ein besonders empfehlenswertes Online-Angebot für Fans mit Beeinträchtigungen. Auf der Webseite werden für jeden Verein wichtige Informationen (z.B. Lage und Zugang zu Behindertenplätzen, behindertengerechte Toiletten, Hörservice für Menschen mit einer Sehbeeinträchtigung) bereitgestellt. Das Online-Angebot findest du hier:

www.barrierefrei-ins-stadion.de

HSV in leichter Sprache

Hier findest du Infos zum HSV in leichter Sprache:

https://www.hsv.de/de/fans/inklusion/der-hsv-in-leichter-sprache/

Fußballregeln in leichter Sprache

Die Fußballregeln des Deutschen Fußball-Bunds (DFB) in einfaches Deutsch übersetzt und mit verständlichen Grafiken illustriert (als PDF-Dokument verfügbar)

https://www.lebenshilfe-nds.de/wData/downloads/in-leichter-sprache/Fussball-Regeln_in_Leichter_Sprache.pdf

BVB in leichter Sprache

Hier findest du Infos zum BVB in leichter Sprache:

https://www.bvb.de/ls/Fans/Leichte-Sprache/Allgemeines-Kontakt

4.3 Öffentlichkeitsarbeit und Finanzierung

4.3.1 Öffentlichkeitsarbeit

Die Öffentlichkeitsarbeit dient nicht nur der Bewerbung von Aktivitäten des Fanclubs, sondern vermittelt auch ein seriöses und professionelles Auftreten. Insbesondere für die Bewerbung um Fördermittel ist es von großer Bedeutung, eine professionelle Internetpräsenz, sowie Veröffentlichungen über Projektaktivitäten in Zeitungsberichten und (Fach-)Zeitschriften vorweisen zu können.

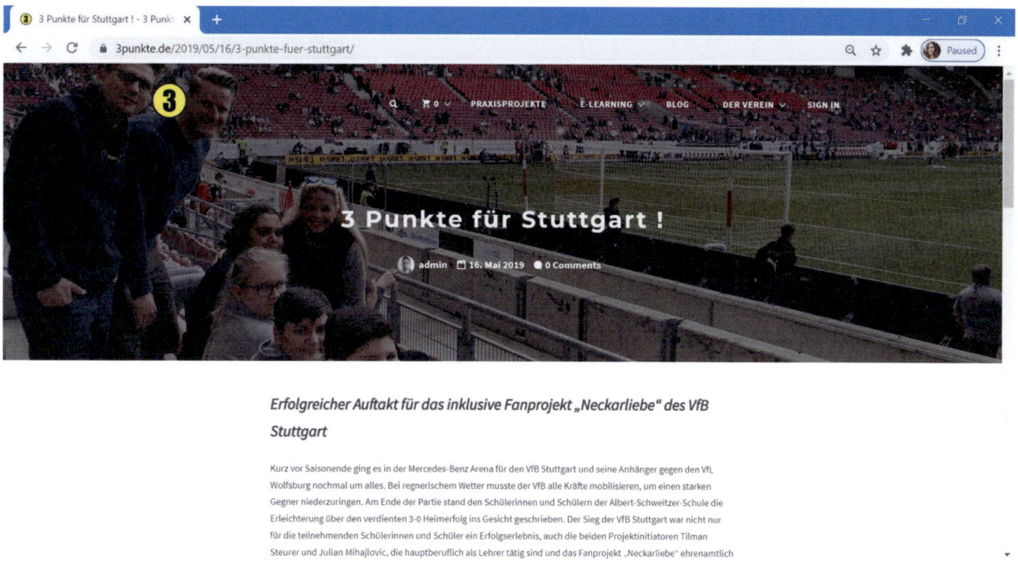

Abb.7: Screenshot der Projekthomepage

So ist es empfehlenswert, wenn die Verantwortlichkeit für die Pflege und Aktualisierung der Webseite und der sozialen Netzwerke geklärt ist und die Veröffentlichung von Beiträgen in regelmäßigen Abständen geschieht. Hilfreich ist dabei die Erstellung eines „Blogs", der bestenfalls in die eigene Webseite integriert ist, und auch mit den entsprechenden sozialen Netzwerken verbunden ist. So lässt sich die Arbeit deutlich erleichtern, wenn ein Blogbeitrag per „Knopfdruck" sowohl auf der eigenen Webseite, als auch gleichzeitig als Beitrag in den sozialen Netzwerken erscheint. Das Internet – im speziellen die eigene Webseite und sozialen Netzwerke - lässt sich auch dafür nutzen, interessierte Volunteers (z.B. Begleitpersonen) für die Fanclubarbeit zu gewinnen. In unserem Fall erfolgte die Bewerbung der Projektaktivitäten und dem entsprechenden Begleitpersonal zusätzlich über die Goethe-Universität Frankfurt am Main. Durch den Aushang von Plakaten und Flyern in den Gebäuden der Universität und durch die Zusammenarbeit mit einem Dozenten, der die Arbeit unseres Fanclubs in Lehrveranstaltungen der Sonderpädagogik vorstellte, ließen sich interessierte Studierende für die Fanarbeit gewinnen.

Zudem wurden in den letzten Jahren Berichte in Printmedien und Fachzeitschriften regelmäßig über die Arbeit des Fanclubs veröffentlicht (z.B. in lokalen Tageszeitungen, der Fachzeitschrift „Schweizerische Zeitschrift für Heilpädagogik“, der Zeitschrift „Lernen konkret“ und diversen Online-Plattformen). Außerdem wurden Kurzberichte auch auf der Projekt-Homepage bzw. den Social-Media-Kanälen (Facebook, Instagram) veröffentlicht.

Abgesehen von der medialen Präsentation des Fanclubs ist es wichtig, den Fanclub auch in Präsenzveranstaltungen vorzustellen: Dies erfolgte beispielsweise bei Fachtagungen zum Thema Inklusion in Form von einer Posterpräsentation. Im Rahmen eines Besuchs der Frankfurter „Waldtribüne“ bei einem Heimspiel der Eintracht wurde das Fanprojekt zudem einer größeren Zielgruppe im Stadion vorgestellt.

4.3.2 Fördermöglichkeiten

Um die Aktivitäten des Fanclubs (z.B. Stadionbesuche) finanzieren zu können, sind neben Mitgliedsbeiträgen häufig externe Fördermittel notwendig. Um Fördermittel zu beantragen, muss im Vorfeld der rechtliche Status des Fanclubs geklärt werden. In der Regel bietet es sich an, einen eingetragenen Verein zu gründen.

Die Gründung eines Vereins bringt Vor- und Nachteile mit sich. Wer einen eingetragenen Verein gründet, gilt als "juristische Person" und haftet damit lediglich mit dem Vereinsvermögen, also nicht mit dem Privatvermögen. In der Regel sind 7 Mitgliederinnen und Mitglieder, sowie eine Vereinssatzung nötig, um einen Verein zu gründen. Der Verein benötigt – ähnlich wie bei der Fanclubgründung – einen Namen und einen Vorstand. In der Vereinssatzung müssen Name, Ort, (gemeinnütziger) Zweck, Vorstand sowie ggf. Mitgliedsbeiträge und - Regelungen festgehalten sein. Mitgliederversammlung müssen regelmäßig stattfinden und protokolliert werden. Mit der Eintragung im Vereinsregister, ist der Verein offiziell gegründet. Die Unterschriften des Vorstands sind notariell zu beglaubigen.

Erst mit dem rechtlichen Status des eingetragenen Vereins und dem Nachweis der Gemeinnützigkeit ist es in vielen Fällen erst möglich, sich für Förderprogramme zu bewerben. Wir haben eine Liste mit Förderprogrammen erstellt, die für dich in Frage kommen könnten.

Abb.8: Logo der Deutschen Fußball Liga (DFL), die das Förderprogramm „PFiFF –Pool zur Förderung innovativer Fußball- und Fankultur" verantwortet.

4.3.2.1 Ausgewählte Förderprogramme

- Förderprogramme der „Aktion Mensch": https://www.aktion-mensch.de/foerderung/foerderprogramme.html
- Spendenaktion der Brauerei „Krombacher": https://spendenaktion.krombacher.de/vorschlagen.php
- Förderprojekte der DFL-Stiftung: https://www.dfl-stiftung.de/foerderprojekte/
- PFiFF –Pool zur Förderung innovativer Fußball- und Fankultur: https://www.dfl.de/de/publikationen/pfiff-broschuere/
- Förderprogramm „StartSocial" (Beratungsstipendium): https://startsocial.de/

4.4 Personal mit entsprechender Expertise

4.4.1 Anforderungen

Die größte Schwierigkeit bei der Organisation von Aktivitäten liegt meist in den personellen Ressourcen. Eine Erweiterung des Netzwerkes zur Begleitung der Fans mit Handicap sollte eine Priorität bei der Weiterentwicklung der Fanclubarbeit einnehmen. Grundsätzlich kann sich jeder, der Interesse hat, einem inklusiven Fanclub anschließen und sich einbringen. Eine positive Haltung im Umgang mit beeinträchtigten Menschen gilt jedoch als Grundvoraussetzung, die sich auch in den grundsätzlichen Prinzipien der Fanclubarbeit festgehalten sind. In der Praxis können zudem folgende Erfahrungen und Kenntnisse hilfreich sein:

- Vorerfahrungen in der Arbeit mit Menschen mit Behinderung (z.B. aufgrund eines freiwilligen Sozialen Jahrs)
- Pädagogisches Geschick und Geduld im Umgang mit Menschen mit sehr unterschiedlichen Bedürfnissen und Eigenschaften
- Erfahrungen in der Organisation von Aktivitäten wie z.B. Festen, Ausflügen und anderen Events
- Kenntnisse in öffentlichkeitswirksamen Aktionen wie z.B. Präsentation der Projektaktivitäten in sozialen Netzwerken, Erstellung von Informationsflyer und Postern.

Abgesehen davon, ist das Vorhandensein von (pädagogischem) Personal mit der entsprechenden sonderpädagogischen Expertise ist von großer Bedeutung, um die Aktivitäten bedarfsgerecht zu gestalten bzw. zu organisieren und die Maßnahmen entsprechend zu begleiten. Beispielsweise sind blinde Fußballfans häufig auf Unterstützung in der Orientierung und Mobilität angewiesen. Fachlich ausgebildetes Personal sollte daher z.B. bei gemeinsamen Stadionbesuchen als Begleitpersonen mit dabei sein.

4.4.2 Weiterqualifikationen

Zusätzliche Qualifikationen können dazu beitragen, dass (ehrenamtliche) Helferinnen und Helfer für die Praxis sensibilisiert werden und sich fachlich weiterentwickeln.

Viele Verbände und Bildungseinrichtungen bieten Aus- und Fortbildungen zum Thema Freizeitpädagogik und Inklusion an, die in der Regel bestimmte Zielgruppen ansprechen. Die folgenden Fortbildungen, Kurse und Tagungen stellen lediglich eine kleine Auswahl geeigneter Angebote dar.

Schwerpunkt Freizeitpädagogik/Fankultur:

- Universitäre Ausbildung/Weiterbildung: z.B. der kostenfreie berufsbegleitende Hochschullehrgang für Freizeitpädagogik der Pädagogischen Hochschule Wien
- Bildungsangebote der KOS (Koordinationsstelle Fanprojekte)
- Projekte des Instituts für Fankultur Würzburg/Frankfurt
- Veranstaltungen des Vereins Gesellschaftsspiele Berlin e.V., Berliner Verein für Bildungsarbeit im Kontext von Fußball und Gesellschaft

Schwerpunkt Inklusion:

- Praxisorientierte Fortbildungsangebot der regionalen Verbände der Lebenshilfe e.V. und anderer Behindertenverbände
- (Berufsbegleitende) Fort- und Weiterbildungsangebote der Hochschulen. Beispielsweise bietet die didaktische Werkstatt der Universität Frankfurt am Main Fortbildungsangebote im Bereich Sonderpädagogik zu den verschiedenen Förderschwerpunkten an.
- Online-basierte Angebote zur Weiterbildung, wie z.B. bidok (bidok.uibk.ac.at), ein Projekt der Universität Innsbruck mit digitaler Lernplattform mit kostenlosen Kursen, Texten und Materialien zum Thema Inklusion von Menschen mit Behinderungen.

4.5 Geeignete Aktivitäten („inklusive Praktiken")

Die Aktivitäten sollten anlehnend an den Vorgaben des „Index für Inklusion" be-darfsgerecht gestaltet werden. Dabei sind die verschiedenen Bedürfnisse der Fans mit und ohne Handicap zu berücksichtigen. Beim EFC Adleraugen sind viele Fans mit einer Sehbeeinträchtigung aktiv. Somit sollte bei der Gestaltung der Fancluba-ktivitäten im Speziellen darauf Wert gelegt werden, auch diesen Fans die Teilhabe an kontaktfördernden Angeboten zu gleichaltrigen Peers zu ermöglichen.

Im Folgenden wird zunächst der Aspekt der „Sehbeeinträchtigung" vorgestellt und auf die Bedeutung der Förderung der sozialen Kompetenz als spezifisches Bil-dungsziel für sehbeeinträchtigten Kinder und Jugendliche eingegangen. Anschlie-ßend werden bespielhaft kontaktfördernde Aktivitäten des Fanclubs vorgestellt, die in den vergangenen Jahren im Rahmen des Fanclubs organisiert und durchgeführt worden sind. Unterschieden werden zwischen regelmäßigen stattfindenden Einzelaktivitäten (Kapitel 4.5.2) und mehrere zusammenhängende Aktivitäten, die z.B. im Rahmen einer schulischen Projektwoche durchgeführt wurden (Kapitel 4.5.3).

4.5.1 Kurzer Exkurs: Was ist eine Sehbeeinträchtigung?

Bei einer Sehbeeinträchtigung wird im deutschsprachigen Raum sozialrechtlich zwischen den Untergruppen Blindheit, hochgradige Sehbehinderung und Sehbehinderung unterschieden. In Deutschland werden Menschen mit einem auf dem besseren Auge (mit Korrekturhilfe) ermittelten Visus (bzw. Sehschärfe) von 0,3 – 0,5 als sehbehindert, mit einem Visus von 0,3 bis 0,02 als hochgradig sehbehindert und mit einem Visus von unter 0,02 als blind klassifiziert. Das Sehvermögen ist allerdings nicht allein abhängig von der Sehschärfe, sondern von vielen anderen Faktoren. Dazu gehören visuelle Fähigkeiten wie die Licht- und Farbaufnahme und visuelle Außenreize wie die Beleuchtung und Kontraste. Zudem wird das Sehvermögen von individuellen Voraussetzungen, z.B. dem körperlichen und seelischen Zustand der Person, beeinflusst.

Die Ursachen für Sehbehinderung und Blindheit sind vielfältig (vgl. Walthes, 2005) und lassen sich auf vererbte, genetisch-, stoffwechsel-, oder umweltbedingte Faktoren zurückführen (vgl. Lang, 2015). Generell treten Sehschädigungen im fortgeschrittenen Lebensalter wesentlich häufiger auf als im Kindes- und Jugendalter. Je nach Zeitpunkt des Eintritts einer Sehschädigung, des Grades der Schädigung und umwelt- und personenbezogenen Faktoren sind die Einflussfaktoren auf die individuelle Entwicklung sehr unterschiedlich. Häufig treten Entwicklungsverzögerungen in den Bereichen Motorik, Kognition (Begriffsbildung), Kommunikation (z.B. nonverbal) und lebenspraktischen Fähigkeiten auf (vgl. Walthes, 2005).

Zu den häufigsten Sehschädigungen gehören der Katarakt („Grauer Star"), Glaukom („Grüner Star"), Retinopathia pigmentosa, die (altersbedingte) Makuladegeneration und CVI („Cerebral Visual Impairment"). Beim „Grauen Star" führt eine Linsentrübung zu einer Visusminderung, die bis zur Erblindung führen kann. Als häufige Ursache für einen „Grauen Star" gilt die Vererbung, Stoffwechselstörungen und Alterungsprozesse der Linseneiweiße. Beim „Grünen Star" wird der Sehnerv meist durch einen erhöhten Augeninnendruck geschädigt. Dies hat immer weiter fortschreitende Einschränkungen und Ausfälle des Gesichtsfeldes zur Folge und führt letztendlich zur Erblindung (Vgl. DBSV, 2006, S.6). Sowohl der „Graue Star", als auch der „Grüne Star" lassen sich bei rechtzeitiger Erkennung gut medizinisch behandeln.

Charakteristisch für eine altersbedingten Makuladegeneration (AMD) sind Netzhautschädigungen im zentralen Bereich (Makula): Es kommt es meist zu starkem Verlust der Sehschärfe, der eigentlich anvisierte Punkt wird nicht gesehen (zentraler Gesichtsfeldausfall). Das periphere Sehen bleibt erhalten. Die Augenerkrankung „Retinitis Pigmentosa" ist eine erbliche Erkrankung der Netzhaut (Retina), umgangssprachlich auch als „Tunnelblick" bezeichnet. Sie führt zu progressivem Verlust der Sehschärfe und dem Ausfall des Sehvermögens am Rand des vom Auge Erfassbaren (vgl. DBSV 2006, S.7).

Unter „CVI" (Cerebral Visual Impairment) versteht man eine visuelle Verarbeitungsstörung auf zerebraler Ebene. Eine zentrale Schädigung der visuellen Reizverarbeitung hat zur Folge, dass das Gehirn zwar visuelle Reize erhält, diesen aber keine (bzw. lückenhafte) visuelle Bedeutung zuschreibt. Zerebrale Sehschädigungen treten häufig bei Menschen mit mehrfachen Behinderungen auf. Sie betreffen häufig das Seh- und Wahrnehmungssystem mit funktionalen Auswirkungen (vgl. Walthes, 2005) – sowohl den Bereich der basalen Sehfunktionen (Gesichtsfeld, Kontrast) als auch der sogenannten höheren Wahrnehmungsfunktionen (Form, - Bewegungs- und Farbwahrnehmung, Gesichtserkennung).

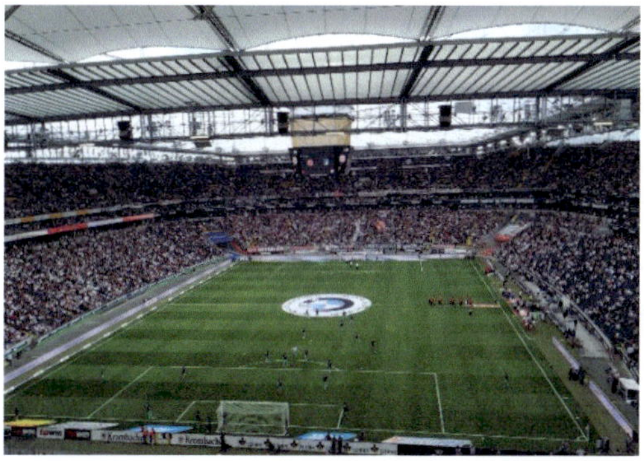

Wahrnehmung ohne Sehbehinderung

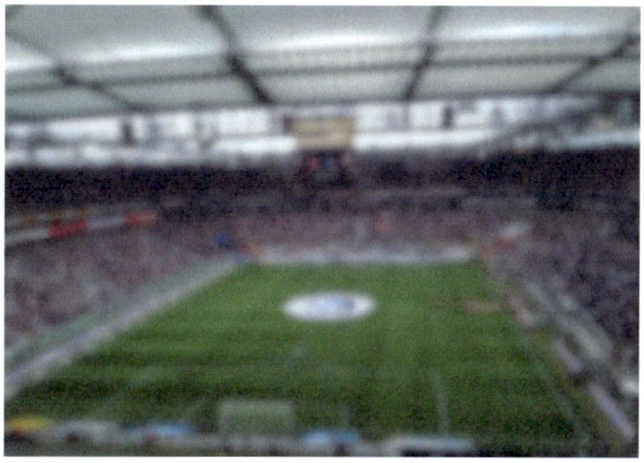

„Grauer Star"(Linsentrübung)

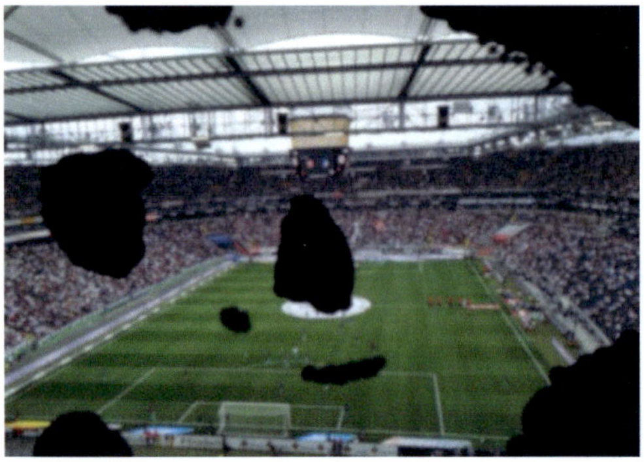

Diabetische Retinopathie

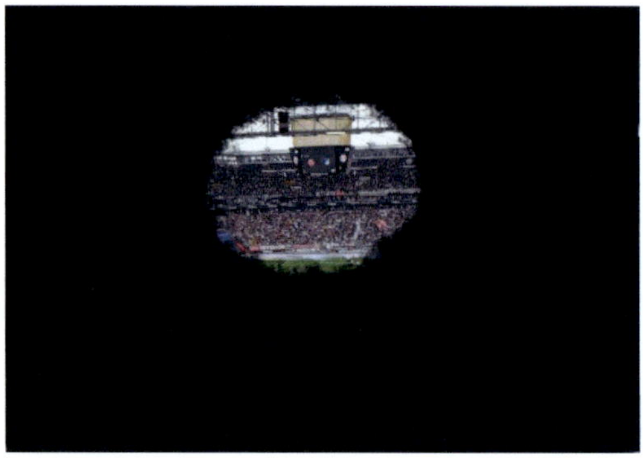

Retinitis Pigmentosa

Abb.9: Simulation unterschiedlicher Augenerkrankungen

Mögliche Auswirkungen von Augenerkrankungen auf die soziale Interaktion

Sehschädigungen können unterschiedliche Auswirkungen auf die soziale Interaktion mit anderen Menschen haben. Beispielsweise sind viele sehbehinderte Menschen in ihrer Kommunikation eingeschränkt, da sie speziell nonverbale Kommunikationsmöglichkeiten (Mimik, Gestik) ihres Gegenübers nicht wahrnehmen und somit auch nicht deuten können. Im schulischen Bereich bei Aufgaben im Nahbereich (z.B. Lesen, Schreiben) sind blinde und sehbehinderte Kinder auf Hilfsmittel angewiesen, und können ohne sie nur kaum oder gar nicht auf der Grundlage visueller Eindrücke lernen. Beispielsweise können sich sehbehinderte Schüler nicht so einfach am Banknachbarn orientieren („abgucken"), wie es ein normal sehendes Kind kann. Durch die Einschränkung in Orientierung und Bewegung ist vielen sehbehinderten Kindern und Jugendlichen auch der Zugang zu Aktivitäten des täglichen Lebens erschwert. Gerade die Bedeutung der Eigenaktivität ist hier hervorzuheben: Nur durch die Eigenaktivität kann ein Kind mit einer Sehbeeinträchtigung die Erfahrung machen, dass seine Aktivität bedeutsam ist, und dass sie Wirkung erzeugt (vgl. Walthes 2005, S.86). Aufgrund des eingeschränkten Visus fällt es vielen sehbeeinträchtigten Kindern und Jugendlichen schwer, auf andere Kinder zuzugehen, und soziale Interaktionen zu initiieren (beispielsweise zum Spielen auffordern).

Bedeutung produktiv angelegter Kontaktsituationen

Der Freizeitbereich bietet aufgrund der darin angelegten informellen Bildungsprozesse ein großes Potenzial zur Verwirklichung inklusiver Angebote. Dabei ist es wichtig, didaktisch reflektierte und professionell moderierte Freizeitangebote zu entwickeln, um produktive Kontaktsituationen zwischen Kindern und Jugendlichen mit und ohne Behinderung zu initiieren und zu steuern (vgl. Meyer & Kieslinger, 2014). Mit Hilfe dieser Kontaktsituationen können spezifische Fähigkeiten gefördert werden, wie z.B. die Etablierung sozialer Kompetenzen. Insbesondere bei Kindern und Jugendlichen mit einer Sehbeeinträchtigung gehört die Förderung sozialer Kompetenzen zu den wichtigsten Entwicklungsschritten im Laufe ihrer Kindheit und wird folglich auch auf curricularer Ebene legitimiert.

4.5.2 Förderung der sozialen Kompetenz bei Menschen mit einer Sehbeeinträchtigung

Im Folgenden soll in Kürze die Bedeutung der sozialen Kompetenz für Menschen mit einer Sehbeeinträchtigung skizziert werden, bevor anschließend kontaktfördernde Aktivitäten aus der Praxis vorgestellt werden. Der Begriff der **„sozialen Kompetenz"** wurde von Franz Mersi (1975) unter dem Aspekt einer Ermöglichung der Teilhabe am beruflichen, kulturellen und sozialen Leben von blinden und sehbehinderten Menschen erarbeitet. Sozial kompetent zu bedeutet nach dem Verständnis von Mersi (1975) Grundfertigkeiten des Lebensalltags („daily living skills") zu erlernen, im öffentlichen Leben möglichst ohne fremde Hilfe zurecht zu kommen, sich sicher und verkehrsgerecht zu bewegen (Mobilität), aber auch Techniken der Selbstbehauptung in einer „nichtbehinderten Welt" zu erlernen („personal management"). Dabei wird darauf hingewiesen, dass soziale Kompetenz nicht nur für blinde und sehbehinderte Menschen, sondern auch für „sehende" Menschen eine grundlegende Fähigkeit für den Alltag darstellt. Nach Linderkamp (2010) lässt sich soziale Kompetenz an gelungener sozialer Interaktion erkennen. Als Voraussetzung dafür geht Linderkamp auf ein differenziertes Set sozialer Fähigkeiten und Fertigkeiten ein, die sich positiv auf soziale Interaktionen auswirken (vgl. dazu Linderkamp, 2010).

Soziale Kompetenz als Leitziel der Sehbehindertenpädagogik

Das „Lernziel" soziale Kompetenz wurde erstmals 1980 in den Empfehlungen der Kultusministerkonferenz für die Schulen für Sehbehinderte und 1981 in die Empfehlungen für die Schule für Blinde aufgenommen (vgl. Braband & Elbl, 1988: 73).

„Als übergeordnetes Ziel ist in diesem Kontext die Entwicklung einer autonomen Persönlichkeit, die Menschen in die Lage versetzt, soziale Situationen differenziert zu erfassen die Verhaltensanforderungen zu erkennen, eigene Interaktionsmöglichkeiten dazu in Beziehung zu setzen und sich angemessen mit ihrem sozialen Umfeld auseinanderzusetzen." (Braband & Elbl 1988, S.72).

Dabei handelt es sich bei der sozialen Kompetenz um eine Bündelung von mehreren Fähigkeiten, Fertigkeiten und Funktionen (vgl. Braband & Elbl, 1988). Soziale Kompetenz ist nach Braband & Elbl besonders durch zwei Merkmale gekennzeichnet: Die „persönliche Unabhängigkeit" und die „Übernahme sozialer Verantwortung". Beide Merkmale werden beispielsweise im aktuellen baden-württembergischen Bildungsplan der Schule für Blinde und Sehbehinderte (2011) thematisiert. Hauptaufgabe der Schule für Blinde und für Sehbehinderte liegt darin, ihre Schülerinnen und Schüler auf ein selbstbestimmtes Leben in der Gesellschaft und den Umgang mit anderen Menschen vorzubereiten. Das Merkmal „persönliche Unabhängigkeit" wird im Bildungsbereich „Lebenspraxis" (Ministerium für Kultus, Jugend und Sport Baden-Württemberg 2011, S. 91 ff.) aufgegriffen. Hierzu gehören die Kompetenzen in den Bereichen Selbstversorgung, Gesunderhaltung und Gesundheitsvorsorge sowie häusliches Leben. In Bezug auf den Fanclub „Adleraugen" ist besonders der Bereich Gesunderhaltung und Gesundheitsvorsorge (2011, S. 98-100) von Bedeutung: Hier geht es in erster Linie darum, dass die Schule einen geeigneten Rahmen bietet, um Kompetenzen in der gesunden Ernährung, der körperlichen Gesunderhaltung durch Sport, sowie Möglichkeiten der Freizeitgestaltung zu fördern.

Das Merkmal „Übernahme sozialer Verantwortung" wird u.a. im Bildungsbereich „Identität und Umgang mit anderen" (Ministerium für Kultus, Jugend und Sport Baden-Württemberg 2011, S. 87 ff.) thematisiert: Die Schülerinnen und Schüler sollten Verantwortung gegenüber ihren Mitschülerinnen und Mitschüler zeigen, indem sie Patenschaften übernehmen, sowie sich gegenseitig helfen und unterstützen.

Die Schülerinnen und Schüler unterstützen sich dabei gegenseitig durch „sehende" Begleitung, durch das Verbalisieren von Sachverhalten und durch das Beschreiben kommunikativer Situationen und Reaktionen anderer.

Im spezifischen Curriculum zur Teilhabe von blinden und sehbehinderten Schülerinnen und Schülern an schulischer Bildung (VBS, 2011) wird der Förderbereich „Soziale Kompetenz" in engem Zusammenhang zu den Bereichen Alltagspraktische Fähigkeiten und Orientierung und Mobilität gestellt. Als ein wesentlicher Aspekt zur Förderung sozialer Kompetenz werden kommunikative Fähigkeiten aufgeführt: Da die Blindheit bzw. Sehbehinderung soziale Interaktionsmöglichkeiten einschränken kann, sei es besonders wichtig, den betroffenen Kindern und Jugendlichen die Bedeutung und Funktion nonverbaler Kommunikation (Mimik, Gestik, Körpersprache), sowie den Umgang mit der eigenen Behinderung zu vermitteln. Maßnahmen, die zur Stärkung von Autonomie und Selbstbestimmung („empowerment") wichtig sind, und zum formellen und informellen Austausch mit der „Peer-Group" (Gleichbetroffenen) dienen, sind weitere Ziele bei der Förderung sozialer Kompetenz (vgl. VBS, 2011).

Nachdem die Bedeutung der Förderung sozialer Kompetenzen bei Menschen mit einer Sehbeeinträchtigung deutlich geworden sein sollte, werden nun ausgewählte Fanclubaktivitäten aus der Praxis vorgestellt, die kontaktfördernd gestaltet werden können und die soziale Interaktion fördern.

4.5.3 Regelmäßig stattfindende Aktivitäten des Fanclubs „Adleraugen"

Ein Schwerpunkt der Fanclubarbeit sollte darauf liegen, die Fanclubmitglieder mit Beeinträchtigung möglichst eigenverantwortlich in die Projektplanung- und Durchführung des Fanprojekts einzubinden und ihnen somit mehr Partizipations- und Gestaltungsmöglichkeiten einzuräumen. Dazu gehört u.a. die Organisation gemeinsamer Aktivitäten und die Verantwortungsübernahme und selbständige Ausübung verschiedener Funktionsstellen des Fanclubs. Wichtige Aufgabenbereiche im Fanclub werden sowohl von ehrenamtlichen Mitarbeiterinnen und Mitarbeitern des gemeinnützigen Vereins „3 PUNKTE für meinen Verein e.V." übernommen, als auch von Mitgliederinnen und Mitgliedern des Fanclubs. So wird z.B. die Funktion des Kassenwarts durch ein Mitglied mit einer Sehbeeinträchtigung ausgefüllt, während für der Bereich der Öffentlichkeitsarbeit ein ehrenamtlich tätiger Journalist verantwortlich ist.

4.5.3.1 „Stammtisch"-Treffen

Die Mitglieder des Fanclubs „Adleraugen" treffen sich wöchentlich in den Räumlichkeiten einer Förderschule mit dem Förderschwerpunkt „Sehen". Bei diesen „Stammtisch"-Treffen werden Fragen rund um die Eintracht diskutiert, Spielergebnisse getippt (im Rahmen eines „Tippspiels") und gemeinsame „Events" geplant. Es handelt sich bei der Kooperationsschule um eine Einrichtung mit integriertem Internat. Viele Kinder und Jugendliche können selbständig an den Treffen teilnehmen und sind nicht auf Begleitpersonen angewiesen, die sie zu den Treffen bringen. Durch diese Kooperation konnten logistische Probleme wie z.B. die An- und Abfahrt zu den Treffen problemlos geregelt werden, da die Treffen im Rahmen der Unterrichtszeit stattfinden und die Räumlichkeiten von Seiten der Einrichtung zur Verfügung gestellt werden.

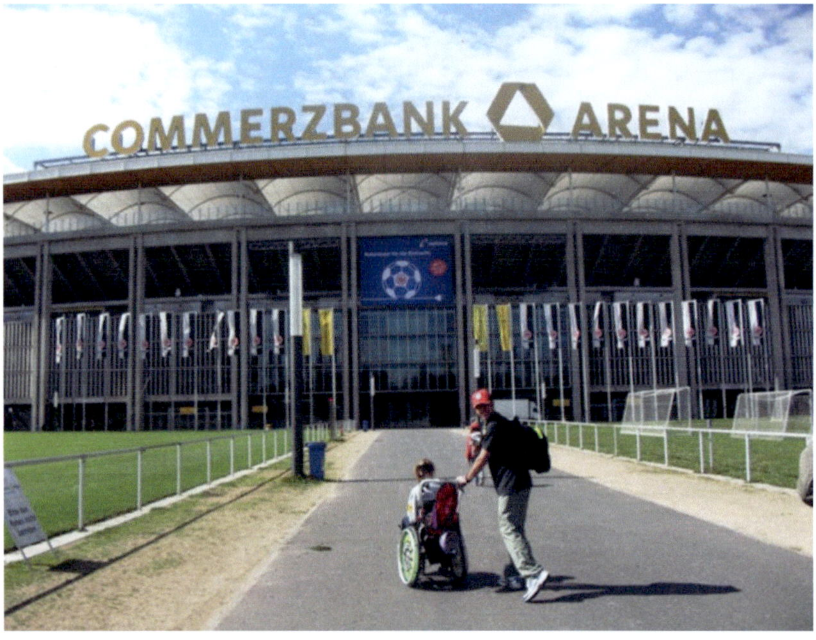

Abb.10: Der Fanclub Adleraugen auf dem Weg ins Stadion

4.5.3.2 Stadionbesuche

Die gemeinsamen Besuche von Spielen des Bundesligavereins Eintracht Frankfurt stellen die Kernaktivität des Fanprojektes dar und stellen ihn auch vor seine we-sentliche Problematik: Für blinde und sehbehinderte Fußballfans bedeutet dies, dass ein spezieller Audio-Kommentar (der viel detaillierter das Spielgeschehen schildert als beispielsweise ein Radio-Kommentator) der ausgebildeten Kommen-tatoren im Stadion verfügbar ist. Es jedoch sind nur begrenzt Sitzplätze mit Kopf-hörereinrichtung in den Bundesligastadien vorhanden (in der Regel zwischen 10 bis 20 Sitzplätze pro Spiel, siehe Tab.1). Die Nachfrage nach diesen Eintrittskarten überschreitet im Normalfall das Angebot des Vereins.

Tab.1: Anzahl der Plätze für Blinde und sehbehinderte Menschen in Stadien der 1.-3. Bundesliga, Quelle: eigene Online-Recherche (Stand: 01. März 2020)

Verein	**Anzahl der Plätze für Blinde und sehbehinderte Menschen**
VfB Stuttgart	40
Borussia Mönchengladbach	30 + 30 für Begleitpersonen
Hamburger SV	30
1.FC Köln	30
1.FC Union Berlin	30
FC St.Pauli	26 (13 Dauerkarten + 13 Tages-karten)
Hertha BSC Berlin	20
1.FSV Mainz 05	20
Borussia Dortmund	20
FC Schalke 04	20
RB Leipzig	20
FC Bayern München	20
Fortuna Düsseldorf	18
MSV Duisburg	16
Hannover 96	16
Eintracht Frankfurt	15 + 15 für Begleitpersonen

1.FC Kaiserslautern, 1.FC Nürnberg, Alemannia Aachen, Arminia Bielefeld, Bayer 04 Leverkusen, Eintracht Braunschweig, FC Augsburg, FC Energie Cottbus, FC Hansa Rostock, Karlsruher SC, SC Paderborn, SpVgg Greuther Fürth, SV Werder Bremen, TSV 1860 München, VfL Wolfsburg	je 10
TSG Hoffenheim, Rot-Weiss Essen, Dynamo Dresden, SV Darmstadt 98,	8
Holstein Kiel, Vfl Osnabrück	6
FC Carls Zeiss Jena, VfL Bochum	5

Eine weitere Problematik besteht in der Akquise von Begleitpersonen, die die blinden Fans zum Fußballspiel begleiten. Durch den hohen Betreuungsschlüssel sind die Fans auf ehrenamtliche Helfer angewiesen, die die Fans ins Stadion begleiten möchten. In unserem Fall sind aktuell pro Saison 8-10 Besuche von Bundesliga-Spielen der Eintracht für Sitzplätze für sehbehinderte und blinde Fußballfans möglich.

Neben dem Spiel selbst, ist natürlich auch die Stimmung und das soziale „Miteinander" im Stadion für die Fans der Adleraugen von besonderer Bedeutung. Vor dem Spiel ist die „Waldtribüne" ein beliebter Treffpunkt für die Mitgliederinnen und Mitglieder des Fanclubs. Die Waldtribüne ist ein regelmäßiger Treff- und Anlaufpunkt für alle Fans (egal welchen Vereins). Kurz vor dem Anpfiff jedes Heimspiels der Eintracht wird über Historisches und Aktuelles berichtet, der Spieltag vorab analysiert und den Interviewgästen Meinungen entlockt. So waren bereits Hans Meyer (früherer Trainer von Borussia Mönchengladbach und 1.FC Nürnberg) sowie Eintracht-Trainer-Legende Dragoslav „Stepi" Stepanovic zu Gast auf der Waldtribüne. Auch drei Mitglieder der „Adleraugen" waren schon als Gast auf der Waldtribüne in Frankfurt eingeladen und stellten sich den Fragen des Moderatorenteams auf der Bühne, und berichteten über die Aktivitäten ihre Fanclubs.

Als Ansprechpartner für Ticketanfragen ist Clemens Schäfer von der Behindertenfanbetreuung zuständig. Er hilft den Fans mit einer Behinderung.

4.5.4 Beispiel für eine schulische Projektwoche „rund um die Eintracht"

Im Rahmen einer schulischen Projektwoche an der Johann-Peter-Schäfer Schule bot es sich für den Fanclub „Adleraugen" an, die bestehenden Ressourcen der Einrichtung zu nutzen (Pädagogisches Begleitpersonal, rechtliche Absicherung), um in Großgruppen gemeinsame Ausflüge nach Frankfurt ins Stadion und „Events" vor Ort in Friedberg zu planen und durchzuführen. Die folgenden Programmpunkte stellten die „Highlights" der schulischen Projektwoche dar (vgl. Mihajlovic, 2015):

Montag: Besuch von Uwe Bindewald, einem ehemaligen Profifußballspieler

Der erste Tag der Eintracht Projektwoche startete gleich mit einem prominenten Besuch: Der ehemalige Bundesliga-Profi und jetzige Jugendtrainer der Eintracht, Uwe Bindewald, nahm sich viel Zeit, unser Eintracht Fanprojekt zu unterstützen. In seinen 17 Jahren als aktiver Spieler bei Eintracht Frankfurt ist Uwe Bindewald zum Symbol für Vereinstreue geworden. Der frühere Abwehrspieler und Publikumsliebling der Eintracht stellte sich allen Interview- Fragen der „Adleraugen" und ließ keine Autogrammwünsche offen.

Dienstag: Besuch des Eintracht Frankfurt Museums mit Museumsführung

Mit der Bahn ging es am folgenden Tag von Friedberg aus nach Frankfurt in die Commerzbank-Arena. Dort besuchte das Fanprojekt das Eintracht-Museum und bekam von Museumsdirektor Matthias Thoma eine tolle Führung durch die Geschichte des Vereins. Die Projektteilnehmerinnen und Teilnehmer bekamen zum Ende der Führung die Möglichkeit, den DFB-Pokal und andere Pokale in den Händen zu halten. Insbesondere für die blinden Fans bot dies den Anlass, die Ausstellungsstücke taktil zu erfassen. Die Fahrt von der Schule bis zum Stadion nach Frankfurt stellte für viele Teilnehmerinnen und Teilnehmer mit einer Sehbeeinträchtigung eine große Herausforderung dar, da sie es nicht gewöhnt waren, sich in ungewohntem Umfeld zu orientieren. Zudem besuchten die Kinder und Jugendlichen das öffentliche Training der Eintracht Profis, das auf dem Trainingsgelände der

Commerzbank Arena stattfand. Viele Eintracht-Profis nahmen sich nach dem Training Zeit für die Autogrammwünsche der Kinder und Jugendlichen.

Mittwoch: Besuch der Fanbeauftragten von Eintracht Frankfurt

Auch der Fanbeauftragte der Eintracht, Marc Francis, sowie der Behindertenfanbeauftragte, Clemens Schäfer statteten dem EFC „Adleraugen" einen Besuch ab. In einem kurzen Vortrag erklärten sie ihre Aufgaben im Verein und standen anschließend für ein Interview zur Verfügung. Dabei wurden sehr interessante Erfahrungen der Fanbeauftragten im Umgang mit Fans dargestellt. Auch der Umgang mit gewaltbereiten Fans („Hooligans") wurde mit den Schülerinnen und Schülern des Fanprojekts diskutiert. Ziel dieses Gesprächs war es somit auch, die jugendlichen Fußballfans für die Themen Rassismus und Diskriminierung zu sensibilisieren.

Donnerstag: Trainingseinheit mit der Frauen-Mannschaft von Eintracht Frankfurt

Das Highlight am Donnerstag stellte der Besuch des Trainerteams der Frankfurter Frauenmannschaft um Cheftrainer Michael Mahla und der Koordinatorin des Frauen- und Mädchenfußballs Heidi Löhr dar. Begleitet wurde das Trainerteam von den Spielerinnen Ramona Kerperin und Leonie Günther aus der ersten Mannschaft der Eintracht Frauen. Die Projektteilnehmerinnen und Teilnehmer nahmen begeistert an der organisierten Trainingseinheit auf dem Rasenplatz der Schule teil. Das Training wurde in Kooperation des Trainerteams mit einer Sportlehrkraft der Schule unter Berücksichtigung der sehbehindertenspezifischen Gestaltung der Übungseinheiten und der Ermöglichung von Eigenerfahrungen von Blindheit und Sehbehinderung durchgeführt. Dabei wurden folgende Aspekte berücksichtigt:

Zu Beginn des Trainings erfolgte für die sehenden Fußballerinnen zunächst eine Sensibilisierung mit Eigenerfahrungen unter der Augenbinde (Simulation von Blindheit) und einer Simulationsbrille (Simulation einer Sehbehinderung). Diese Eigenerfahrungen trugen dazu bei, dass die sehenden Fußballerinnen ein Verständnis für Kinder und Jugendlichen mit einer Sehbehinderung entwickeln konnten und erste Berührungsängste abgebaut wurden. Auch im weiteren Verlauf des Trainings wurden einzelne Phasen unter dem Aspekt der „umgekehrten Inklusion" durchgeführt: Das Spielprinzip des Blinden- bzw. Sehbehindertenfußballs bot dabei die Möglichkeit, dass Menschen mit und ohne (Seh-)beeinträchtigungen eine Sportart aus dem Behindertensportbereich gemeinsam ausüben (vgl. Mihajlovic, 2019). Im Hinblick auf die Gestaltung des Spielfelds wurde darauf zu achten, dass Kontraste (z.B. Spielfeldbegrenzungen) wahrgenommen werden können, und sich die Farbe des Balles klar vom Untergrund unterscheidet. Farbige Markierungen auf dem Boden (z.B. Pylonen beim Slalomdribbeln) bieten dabei auch eine räumliche Orientierungshilfe. Gefahrenquellen wurden zudem im Vorfeld systematisch beseitigt. Dabei wurde darauf geachtet, dass sich keine Gegenstände im Spielfeld bzw. am Spielfeldrand befinden, z.B. wurden die sehbeeinträchtigten Teilnehmerinnen und Teilnehmer auf mögliche Hindernisse bzw. potenzielle Gefahren hingewiesen. Je nach Sehbeeinträchtigung war es zudem hilfreich, die Lernende die Lernumgebung zunächst visuell oder taktil erkunden zu lassen. Zudem wurden vollblinde Spielerinnen und Spieler im Spiel durch einen Begleitspieler bzw. eine Begleitspielerin aus der eigenen Mannschaft unterstützt. Zum Abschluss der Trainingseinheit wurde der Eintracht Projektgruppe sogar ein Vereinswimpel der Eintracht mit den Unterschriften des kompletten Eintracht Frauen-Teams überreicht.

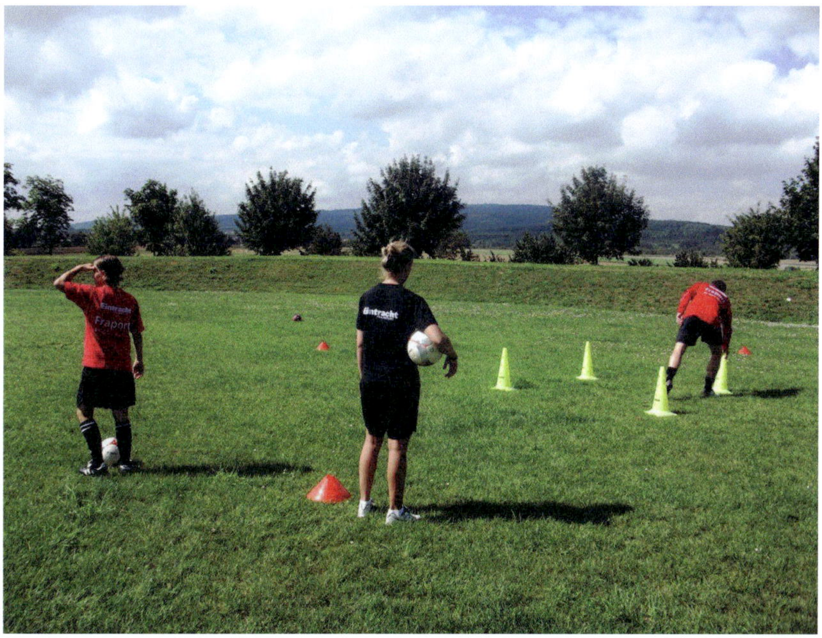

Abb.11: Gemeinsame Trainingseinheit mit der Frauenmannschaft von Eintracht Frankfurt

Freitag: Besuch von „Attila“ bei den „Adleraugen“

Auch das lebende Maskottchen von Eintracht Frankfurt, der Steinadler „Attila“, kam zu Besuch zu den „Adleraugen“ in Friedberg. Im Zuge einer Spendenaktion des Fanclubs konnte der Besuch von „Attila“ zusammen mit seinem Falkner Norbert Lawitschka finanziert werden. Über mehrere Wochen hinweg wurden im Vorfeld Geldspenden von Mitarbeitern der Einrichtung sowie den Mitgliedern des Fanclubs für diesen Zweck gesammelt. Als Falkner Norbert Lawitschka mit dem Greifvogel die Cafeteria der Johann-Peter-Schäfer-Schule Friedberg betrat, ging ein Raunen durch die Reihen der Kinder und Jugendlichen. Seit Wochen hatten sie sich auf den Tag gefreut, diesen vorbereitet und sich Fragen ausgedacht. Und sich überlegt, wie nahe sie dem mächtigen Tier kommen wollen, ob sie Angst haben sollen, ob sie ihn vielleicht sogar berühren dürfen. Doch die Ängste sind dann ganz schnell ver-folgen, schließlich durften am Ende alle ihre Fragen loswerden – und bekamen sie auch beantwortet. Egal, ob sie wissen wollten, wie viel so ein Tier frisst, wie alt er ungefähr wird oder ob es sie interessierte, wie sich Attila im Stadion fühlt.

5 Handlungsempfehlungen und Ausblick

Dieser Leitfaden für interessierte Fußballfans hat mit Hilfe des Praxisbeispiels „EFC Adleraugen" schrittweise aufgezeigt, wie ein „inklusiver" Fanclub aufgebaut werden kann. Die wichtigsten Erkenntnisse dieser nun nahezu 10-jährigen Praxiserfahrungen sollen im Folgenden in Form von Handlungsempfehlungen in kompakter Form zusammengefasst werden. Dabei wurden die in Kapitel 3 erarbeiteten Indikatoren des Index für Inklusion zur Selbstevaluation des Angebots genutzt.

5.1 Inklusive Kulturen schaffen: inklusives Denken im Fanclub etablieren

Eine positive Einstellung gegenüber Heterogenität gilt als Grundvoraussetzung für eine inklusive Gesellschaft und kann ebenso – im negativen Sinne – als „geistige Barriere" fungieren. Neben der Überwindung von technischen bzw. räumlichen Barrieren (z.B. rollstuhl- und sehbehindertengerechte Plätze im Stadion) gilt es vor allem darum, gesellschaftliche Denkweisen „inklusiv" zu gestalten. Als Grundvoraussetzungen müssen zunächst Möglichkeiten des „Sich-Begegnens" von Menschen mit und ohne Beeinträchtigung in einem geeigneten Rahmen geschaffen werden. Um solche Gemeinschaftsprozesse in den Gang zu bringen, ist es von großer Bedeutung, dass zunächst „inklusive Kulturen und Strukturen" (vgl. Boban & Hinz, 2003) geschafften werden.

Bei der Umsetzung „inklusiver Kulturen" besteht vor allem um die Notwendigkeit, inklusives Denken in den Köpfen aller Beteiligten zu verankern. Dazu gehört der Abbau von Vorurteilen und Berührungsängsten, das Vermeiden von Diskriminierungen, das Hineinversetzen in die Lebenssituation verschiedener Menschen, aber auch die Wertschätzung von Verschiedenheit bzw. „Andersartigkeit". Sensibilisierungsaktivitäten (z.B. Eigenerfahrungen im Rollstuhl) können dazu beitragen, das Verständnis für die Bedürfnisse der Fans mit Beeinträchtigung zu schärfen.

Die Erarbeitung eines fanclubinternen Leitbilds bzw. einer inklusiven „Vision" sollte von allen Beteiligten bei der Gründung eines inklusiven Fanclubs erfolgen. Konsens sollte dabei in Hinblick auf gemeinsame „inklusive" Werte bei den Fanclubmitgliedern bestehen. Ein schriftliches Bekenntnis zur Gewaltfreiheit gilt in der Regel als Voraussetzungen zur Aufnahme in den Kreis der offiziellen Fanclubs. Eine schriftliche Erklärung über die inklusive Ausrichtung des Fanclubs und deren Werte (z.B. Wertschätzung von Diversität) sollte im Rahmen der Fanclubgründung erfolgen und in der Satzung des Fanclubs festgehalten werden.

5.2 Inklusive Strukturen etablieren: Barrierefreiheit und Gestaltung/Anpassung von Angeboten

Das Schaffen von inklusiven Strukturen, wie z.B. die Anpassung der Angebote und die Rahmenbedingungen an die Bedürfnisse aller Beteiligten, aber auch die Öffentlichkeitsarbeit und Vernetzung (explizites Ausschreiben der Angebote auf der Homepage, Aufklärung von Eltern, Vernetzung mit anderen Faninitiativen) sind wichtige Stellschrauben, die zum Gelingen eines „inklusiven" Fanclubs beitragen können. Die Öffentlichkeitsarbeit dient dabei nicht nur der Bewerbung von Angeboten, sondern gleichermaßen auch der Vermittlung von Professionalität und Sicherheit (vgl. Meyer & Kieslinger, S.82)

Die größte Schwierigkeit beim Aufbau eines Fanclubs liegt meist in den personellen Ressourcen: Hier ist ein gesamtes (multiprofessionelles) Team vonnöten, das viel Arbeit und Zeit investiert. Die Zusammenarbeit mit Organisationen der Behindertenhilfe sowie das Engagement von Sponsoren im lokalen Umfeld können diesen Prozess erleichtern. Die „Adleraugen" erhielten Unterstützung durch Familienmitglieder der Schüler und ehrenamtlichen Mitarbeitern bzw. „Volunteers" (z.B. bei der Begleitung zum Stadion) und es wurde eine Kooperation mit einem anderen Eintracht Frankfurt Fanclub geschlossen, dessen Sitz ebenfalls in Friedberg ist. Darüber hinaus müssen die besonderen Bedürfnisse von Fans mit einer Behinderung berücksichtigt werden, die einen Großteil der Mitglieder des Fanclubs darstellen. Aufgrund ihrer Sehschädigung und teilweise weiterer Beeinträchtigungen sind die Fans häufig in ihrer Mobilität eingeschränkt, was die Wahrnehmung von Freizeitangeboten ohne fremde Unterstützung (z.B. durch persönliche Assistenz) erschwert. Auch die finanzielle Förderung durch Eigenbeiträge der Fanclubmitgliederinne und Mitglieder, sowie Spendenaktionen sollte gewährleistet sein, um die Durchführung der Aktivitäten des Fanclubs langfristig sicher zu stellen. Im Rahmen von Fördermaßnahmen durch die Unternehmen „Krombacher", sowie der „Aktion Mensch" wurden die Finanzierung des EFC Adleraugen gesichert. Darüber hinaus wurden das Fanprojekt zeitweise durch ein „Startsocial"-Beratungsstipendium bei der Weiterentwicklung und Professionalisierung der Strukturen und Aktivitäten gefördert.

Hierfür wurden Aktivitäten konzipiert werden, wie z.B. gemeinsame Stadionbesuche, die auf die Sensibilisierung der Beteiligten abzielen, z.B. Ehrenamtliche und Nutzer/innen des Angebots wie Kindern und Jugendliche mit einer Sehbeeinträchtigung. So konnten sich die ehrenamtlichen Helfer zunächst Empathie für die Lebenssituation und in die Belange dieser Personengruppen entwickeln ggf. den individuellen Unterstützungsbedarf erkennen. Zudem geht es natürlich auch darum, Berührungsängste abzubauen.

Das Vorhandensein von (pädagogischem) Personal mit der entsprechenden sonderpädagogischen Expertise ist von großer Bedeutung, um die Aktivitäten bedarfsgerecht zu gestalten bzw. zu organisieren und die Maßnahmen entsprechend zu begleiten. Hier können neben dem Aufbau von Kooperationen zu Partnern aus der Behindertenhilfe (mit der sonderpädagogischen Expertise) auch Fort- und Weiterbildungsmöglichkeiten für das bereits vorhandene Personal sinnvoll sein.

Zudem muss sichergestellt werden, dass inklusive Strukturen zur Wahrnehmung der Angebote in Form von räumlicher und sprachlicher Barrierefreiheit (barrierefreier Zugang zum Stadion, z.B. Informationen in einfacher Sprache, ggf. Brailleschrift) und entsprechende Mobilitätshilfen vorhanden sind. Die Besuche von Spielen des Bundesligavereins Eintracht Frankfurt stellen die Kernaktivität des Fanprojektes dar und stellen ihn auch vor seine wesentliche Problematik: Für blinde und sehbehinderte Fußballfans bedeutet dies, dass ein spezieller Audio-Kommentar der ausgebildeten Kommentatoren im Stadion verfügbar ist sind. Es jedoch sind nur begrenzt Sitzplätze mit Kopfhörereinrichtung in den Bundesligastadien vorhanden (in der Regel zwischen 10 bis 20 Sitzplätze pro Spiel). Die Nachfrage nach diesen Eintrittskarten überschreitet im Normalfall das Angebot des Vereins.

Während der Corona-Pandemie konnten keine Fußballfans die Spiele ihrer Mannschaft im Stadion mitverfolgen. Hier wird alternativ von Seiten vieler Vereine ein „Livestream" mit einem sehbehindertenspezifischen Audiokommentar für Fußballfans mit einer Sehbeeinträchtigung angeboten. Dieser kann über mobile Endgeräte oder den Computer über das Internet empfangen werden und bietet somit auch ein längerfristiges Potenzial: Da die Blindenreportage ortsunabhängig bezogen werden kann, sind sehbeeinträchtigte Fans nicht zwangsläufig an die begrenzte Anzahl an Sitzplätzen mit Kopfhörereinrichtung in deutschen Stadien angewiesen. Eine Übersicht über die Standorte ist auf der Webseite https://www.barrierefrei-ins-stadion.de/ abrufbar.

5.3 Inklusive Praktiken entwickeln: Passgenaue Aktivitäten anbieten

Insgesamt wird deutlich, dass die bereits geschilderte Entwicklung von „inklusiven Kulturen und Strukturen" im Sinne des „Index für Inklusion" (vgl. Boban & Hinz, 2003) notwendig sind, um die entsprechenden Praktiken aufzubauen und nachhaltig zu organisieren. Dazu gehören vor allem die Planung und Gestaltung von inklusiven Aktivitäten und Angeboten sowie – bezogen auf Menschen mit Beeinträchtigungen – entsprechende Vorhaben zum Aufbau und zur Sicherung einer personenzentrierten Unterstützung. Dabei können in Bezug auf die Durchführung von inklusiven Aktivitäten und Angeboten („inklusive Praktiken") im wesentlichen folgende Schlüsselaspekte zusammengefasst werden, die auch für das Fanprojekt von Bedeutung sind (vgl. Meyer & Kieslinger, 2014, S.34/35):

- Unterstützung planen und sichern (Aufbau und Gestaltung ambulanter Unterstützung, ggf. Kooperationen mit Behindertenhilfe, Aufbau von Unterstützerkreisen, ggf. Einbezug und Schulung Ehrenamtlicher, Aufbau eines Assistenzpools)

- Aufbau und Gestaltung kontaktfördernder Aktivitäten (häufige, gemeinsame Aktivitäten, neue Erfahrungen, keine Wettbewerbssituation, angenehme Atmosphäre, gemeinsame Aufgaben)
- Förderung von Interaktionen und Freundschaften (Aktivitäten, die auf Kooperation aller Beteiligten setzen, Gemeinsamkeiten entdecken usw.)
- Steuerung und Moderation von Gruppenprozessen/Begleitung durch Fachkräfte (keine Gruppentrennung, kleine Gruppen, individuelle Regeln)

Zur konkreten Umsetzung der entsprechenden Angebote ist es wichtig, sowohl den Unterstützungsbedarf der jeweiligen Personen zu kennen, als auch die Angebote im Hinblick auf inhaltliche Aspekte hin zu gestalten (vgl. Meyer & Kieslinger, 2014, S.39). So bieten die bereits aufgeführten kontaktfördernden Beispiele (gemeinsame Stadionbesuche, „Stammtischtreffen") eine erste inhaltliche Orientierungshilfe. Neben den inhaltlichen Überlegungen zur Gestaltung von geeigneten Aktivitäten, sollten aber auch stets Mitbestimmungsmöglichkeiten für die Teilnehmerinnen und Teilnehmer geschaffen werden.

Die Sicherung der entsprechenden personellen Ressourcen und die Erweiterung des Netzwerks stellen Herausforderungen dar, um ein langfristig angelegtes inklusives Fanangebot zu etablieren. Um die Nachhaltigkeit der inklusiven Fanarbeit zu gewährleisten, liegen Entwicklungspotenziale im Aufbau eines großen und verlässlichen Pools von „Volunteers" (Paten, die sich regelmäßig für die Begleitung eines blinden Fans zu einem Fußballspiel bzw. eines Events zur Verfügung stellen). Hier bietet es sich an, Kooperationen mit anderen Fanclubs und Einrichtungen der Behindertenhilfe zu knüpfen, und ggf. auf bereits bestehende Unterstützungsangebote in der Region zurückzugreifen. Sinnvoll ist es auch, falls entsprechende Strukturen nicht vorhanden sind, Kooperationen mit Einrichtungen oder Diensten der Behindertenhilfe aufzubauen und deren „Know-how" zu nutzen.

Zudem wurde im Sinne der Nachhaltigkeit im Rahmen eines Pilotprojekts der Organisation 3 PUNKTE für meinen Verein e.V. ein barrierefreier E-Learning-Kurs zur Gründung eines „inklusiven" Fanclubs entwickelt, der sich an den entsprechenden Qualitätskriterien zur digitalen Barrierefreiheit orientiert (vgl. Mihajlovic, 2020). Die

Gestaltung der Online-Plattform orientiert sich an den „Web Content Accessibility Guidelines 2.0“ (W3C, 2009), dem weltweit gültigen Standard für barrierefreies Webdesign. Darüber hinaus wurden die Inhalte des Kurses nach den Vorgaben und Regeln des Ratgebers für „Leichte Sprache“ (BMAS, 2014) erstellt, um ein möglichst niedrigschwelliges Angebot ins Leben zu rufen. Somit sollen gezielt auch Fans mit einer (kognitiven) Beeinträchtigung die Möglichkeit erhalten, sich über die Arbeit des Fanclubs zu informieren, sich einem bestehenden Angebot anzuschließen bzw. gemeinsam mit anderen Fußballfans einen eigenen Fanclub aufzubauen.

6 Quellenangaben

Boban, I. & Hinz, A. (Hrsg.) (2003). Index für Inklusion. Lernen und Teilhabe in der Schule der Vielfalt entwickeln. Halle: Martin-Luther-Universität. Online abrufbar unter: http://www.eenet.org.uk/resources/docs/Index%20German.pdf (Zugriff am 10.07.2021)

Booth, T. & Ainscow, M (2002). The Index for Inclusion: Developing Learning and Participation in Schools. Bristol: Centre for Studies on Inclusive Education.

Booth, T., Ainscow, M. & Kingston, D. (2006): Index für Inklusion (Tageseinrichtungen für Kinder). Lernen, Partizipation und Spiel in der inklusiven Kindertageseinrichtung entwickeln. Deutschsprachige Ausgabe. Herausgegeben von der Gewerkschaft Erziehung und Wissenschaft, Frankfurt. Online unter: http://www.eenet.org.uk/resources/docs/Index%20EY%20German2.pdf (Zugriff am 10.07.2021)

Braband, H. & Elbl, K. (1988). Die Bedeutung von Orientierung/Mobilität und sozialer Kompetenz für Sehbehinderte im Rahmen eines ambulanten Beratungssystems. In: Kongress zum 30. Kongressbericht der Blinden- und Sehbehindertenpädagogen. Hannover

Bundesministerium für Arbeit und Soziales (BMAS) (2011). Unser Weg in eine inklusive Gesellschaft. Der Nationale Aktionsplan der Bundesregierung zur Umsetzung der UN-Behindertenrechtskonvention. Online abrufbar unter: https://www.bmas.de/DE/Service/Publikationen/a740-aktionsplan-bundesregierung.html (Zugriff am 10.07.2021)

Bundesministerium für Arbeit und Soziales (BMAS) (2014). Leichte Sprache - ein Ratgeber. Online abrufbar unter: https://www.bmas.de/DE/Service/Publikationen/a752-leichte-sprache-ratgeber.html (Zugriff am 10.07.2021)

Burkhardt, C. & Mihajlovic, C. (2019). Inklusion durch Freizeitangebote- Umsetzungsmöglichkeiten am Beispiel eines Fanprojekts, in: Schweizerische Zeitschrift für Heilpädagogik, 25 (5-6), 21-27.

Deutscher Behindertensportverband (Hrsg.) (2014). Index für Inklusion im und durch Sport. Ein Wegweiser zur Förderung der Vielfallt im organisierten Sport in Deutschland. Frechen: Selbstverlag.

DBSV (2006, Hrsg.): Hilfsmittel für sehbehinderte Menschen. Berlin

DFL Deutsche Fußball Liga e. V. (2019). PFiFF. Pool zur Förderung innovativer Fußball- und Fankultur. https://media.dfl.de/sites/2/2020/05/200513_DFL_PFiFF_Broschuere_Doppelseiten.pdf (Zugriff am 10.07.2021)

Grünke, M., Ropohl, B. & Semmling, H. (2016). Facilitating social inclusion of young adults with learning disorders through football fandom. Insights into Learning Disabilities, 13, 103-115.

Hinz, A. (2010). Aktuelle Erträge der Debatte um Inklusion – worin besteht der ‚Mehrwert' gegenüber Integration? In Evangelische Stiftung Alsterdorf & Katholische Hochschule für Sozialwesen Berlin (Hrsg.), *Enabling community. Anstöße für Politik und soziale Praxis* (S. 191-202). Hamburg: Alsterdorf Verlag.

Hinz, A., & Boban, I. (2013). Der neue Index für Inklusion – eine Weiterentwicklung der deutschsprachigen Ausgabe. Zeitschrift Für Inklusion, (2). Abgerufen von https://www.inklusion-online.net/index.php/inklusion-online/article/view/11

Lang, M. (2015). Sehen. In: Hedderich, I., Biewer, G., Hollenweger, J., Markowetz, R. (Hrsg.): Handbuch Inklusion und Sonderpädagogik. Bad Heilbrunn, 234-240

Linderkamp, F. (2010). Entwicklung sozialer Kompetenz. In: Beck,I.; Feuser,G.; Jantzen,W., Wachtel, P. (Hrsg.): Behinderung, Bildung, Partizipation - Enzyklopädisches Handbuch der Behindertenpädagogik. Band 3. Stuttgart.

Markowetz, R. (2015). Freizeit. In: Hedderich, Ingeborg / Biewer, Gottfried/ Hollenwegger, Judith/ Markowetz, Reinhard (Hg.): Handbuch Inklusion und Sonderpädagogik. Bad Heilbrunn: Julius Klinkhardt Verlag.

Mersi, F. (1975). Leitziel und überfachliche Richtziele der Erziehung Sehbehinderter. In: Zeitschrift für Heilpädagogik, 26. Jahrgang, Heft 7

Meyer, T. & Kieslinger, C. (2014). Index für die Jugendarbeit zur Inklusion von Kindern und Jugendlichen mit Behinderung. Eine Arbeitshilfe. Online abrufbar unter: https://www.inklumat.de/sites/default/files/downloads/index-fuer-die-jugendarbeit-zur-inklusion-von-kindern-und-jugendlichen-mit-behinderung-stand-oktober-2014.pdf (Zugriff am 10.07.2021)

Mihajlovic, C. (2015). Die Adleraugen- Ein inklusives Fanprojekt. lernen konkret, 15 (2), 29-31.

Mihajlovic, C. (2020). Fankultour inklusiv. Ein E-Learning-Kurs zur Gründung eines inklusiven Fanclubs. Medienimpulse, 58 (3). 1-21, online abrufbar unter: https://journals.univie.ac.at/index.php/mp/article/view/3494/3863 (Zugriff am 10.07.2021)

Ministerium für Kultus, Jugend und Sport Baden-Württemberg (2011). Bildungsplan Baden-Württembergs für Schulen für Blinde und Schulen für Sehbehinderte. Stuttgart

Opaschowski, H. W. (1990). Pädagogik und Didaktik der Freizeit. Opladen: Leske und Budrich.

Pilz, G. A. (2012). Von der Fankultur zum Gewalt-Event. Wandlungen des Zuschauerverhaltens im Fußball, SIAK-Journal – Zeitschrift für Polizeiwissenschaft und polizeiliche Praxis (4), 60-71.

Southby, K. (2013). Social inclusion through football fandom: Opportunities for learning-disabled people. Sport in Science, 16 (10), 1386-1403.

Special Olympics Deutschland e.V. (SOD) (2018). Kurz und gut: Inklusion im Sport. Ein Leitfaden. Online abrufbar unter: https://www.sportjugend-sh.de/fileadmin/LSVSJ-Content/Dokumente/Inklusion/Leitfaden2018_Inklusion_im_Sport.pdf (Zugriff am 10.07.2021)

Theunissen, G. (2013). Empowerment und Inklusion behinderter Menschen. Eine Einführung in Heilpädagogik und Soziale Arbeit (3. Auflage). Freiburg: Lambertus Verlag

Trescher, H. (2015). Inklusion: Zur Dekonstruktion von Diskursteilhabebarrieren im Kontext von Freizeit und Behinderung. Wiesbaden: Springer Fachmedien.

Verband für Blinden- und Sehbehindertenpädagogik e.V. (VBS) (2011). Bildung, Erziehung und Rehabilitation blinder und sehbehinderter Kinder und Jugendlicher in einer inklusiven Schule in den Ländern der Bundesrepublik Deutschland. Standards - Spezifisches Curriculum - Modell-Leistungsbeschreibung. VBS, Berlin.

W3C (2009). Web Content Accessibility Guidelines (WCAG) 2.0. Online abrufbar unter: https://www.w3.org/Translations/WCAG20-de/ (Zugriff am 10.07.2021)

Walthes, R. (2005). Einführung in die Blinden- und Sehbehindertenpädagogik, München.

7 Anhang

7.1 Fragebogen zur Selbstevaluation: Vorstand bzw. Leitung des Fanclubs

Zur Evaluation und Weiterentwicklung des Fanclubs im Sinne des „Index für Inklusion" dient dieser Fragebogen. Bei der persönlichen Einschätzung der inklusiven Kulturen, Strukturen und Praktiken des Fanclubs verwende bitte die Skala zwischen 1-5. Vielen Dank!

Erklärung der numerischen Skala (1-5):
5 = Stimme voll zu
4 = Stimme eher zu
3 = Geht so/Neutral
2 = Stimme eher nicht zu
1 = Stimme nicht zu

Geschlecht:	
Weiblich	○
Männlich	○

Funktion/Tätigkeit im Verein (z.B. Vorstand, ehrenamtlicher Mitarbeiter):

Fankultur und inklusive Werte	**5**	**4**	**3**	**2**	**1**
Jede/r ist willkommen.	○	○	○	○	○
Neue Mitglieder werden freundlich empfangen und aufgenommen.	○	○	○	○	○
Jede/r, der Teil des Fanclubs ist, bejaht Inklusion und beteiligt sich an der Umsetzung von Inklusion.	○	○	○	○	○
Es herrscht ein respektvoller Umgang unter allen Beteiligten.	○	○	○	○	○

Jeder im Fanclub wird gleichbehandelt und wertgeschätzt.	O	O	O	O	O
Wenn jemand Hilfe benötigt, erhält er Unterstützung.	O	O	O	O	O
In den Aktivitäten bekommt Jede/r, der sich mitzuteilen versucht, die volle Aufmerksamkeit.	O	O	O	O	O
Der Fanclub führt Aktivitäten zur Sensibilisierung der Mitglieder/innen durch, mit dem Ziel, ein Bewusstsein für die Lebens- und Unterstützungssituation von Menschen mit Behinderung zu schaffen (z.B. Informationsveranstaltungen).	O	O	O	O	O
Der Fanclub verfügt über ein Leitbild/eine Konzeption zur Umsetzung von Inklusion.	O	O	O	O	O
Ich fühle mich als Person respektiert und wertgeschätzt.	O	O	O	O	O
Ich nehme neue Ideen auf und möchte den Fanclub weiterentwickeln	O	O	O	O	O

Bemerkungen / Verbesserungsvorschläge:

Barrierefreiheit und Strukturen	**5**	**4**	**3**	**2**	**1**
Die Leitung des Fanclubs beseitigt soziale Barrieren bzw. räumliche Zugangsbarrieren im Fanclub, um eine umfassende Teilhabe zu ermöglichen.	O	O	O	O	O
Die Anreise und der Zugang zum Stadion und gemeinsamen Treffen ist für alle ohne Probleme möglich.	O	O	O	O	O
Wichtige Informationen des Fanclubs sind für alle zugänglich und verständlich (z.B. Beseitigung sprachlicher Barrieren, einfache Sprache).	O	O	O	O	O
Der Vorstand bzw. die Leitung informiert über die Angebote des Fanclub (Artikel auf Homepage, Zeitung etc.).	O	O	O	O	O
Die Angebote und Aktivitäten des Fanclubs werden inhaltlich so gestaltet, dass sie von allen genutzt werden können.	O	O	O	O	O

Unterstützung und Begleitung von Fans mit einer Beeinträchtigung wird organisiert und koordiniert.	O	O	O	O	O
Es werden Kooperationsbeziehungen genutzt, um inklusive Aktivitäten zu ermöglichen.	O	O	O	O	O
Ehrenamtliche werden zur Unterstützung behinderter Fans gewonnen (Pool von Volunteers, Patenmodelle).	O	O	O	O	O
Neuen Mitgliederinnen und Mitgliedern wird geholfen, sich im Fanclub einzugewöhnen.	O	O	O	O	O
Alle Beteiligten werden bei der Planung, Umsetzung und Reflexion der Aktivitäten miteinbezogen und können Verbesserungsvorschläge einbringen	O	O	O	O	O

Bemerkungen / Verbesserungsvorschläge:

Aktivitäten und Praktiken	**5**	**4**	**3**	**2**	**1**
Angebote und Aktivitäten werden so adaptiert bzw. entwickelt, dass alle daran teilnehmen können (z.B. ohne Wettbewerb, Arbeiten an einem gemeinsamen Projekt).	O	O	O	O	O
Die Aktivitäten sind so aufgebaut, dass sie Berührungsängste abbauen können, Ausgrenzung und Vorurteilsbildung vermeiden und das Verständnis für Unterschiede entwickeln können (häufige, gemeinsame Aktivitäten, neue Erfahrungen, angenehme Atmosphäre).	O	O	O	O	O
Der Fanclub organisiert kontaktfördernde und kommunikative Aktivitäten, damit alle Fans zur Interaktion und Kommunikation angeregt werden.	O	O	O	O	O
Die Unterstützung behinderter Fans ist zu jeder Zeit gesichert	O	O	O	O	O
Es wurde ergänzend eine von anderen Institutionen unabhängige Unterstützungsstruktur aufgebaut (z.B: Unterstützerkreise, Ehrenamtliche Mitarbeiter/innen)	O	O	O	O	O

Das Fachwissen bzw. die Expertise aller Beteiligten wird in vollem Maße gebündelt und genutzt.	○	○	○	○	○
Allen Beteiligten wird die Möglichkeit der Fortbildung bzw. Weiterqualifikation gewährleistet.	○	○	○	○	○
Die Zusammenarbeit mit bestehenden Kooperationspartnern wird optimiert (z.B. Behindertenfanverband) bzw. neue Kooperationspartner werden zur nachhaltigen Sicherung inklusiver Aktivitäten gewonnen.	○	○	○	○	○
Ehrenamtliche werden zur Unterstützung behinderter Fans gewonnen (Pool von Volunteers, Patenmodelle).	○	○	○	○	○
Vernetzung und gemeinsame Projekte/Aktivitäten im Stadtteil werden angestoßen (z.B. mit Vereinen, Bildungsinstitutionen)	○	○	○	○	○

Bemerkungen / Verbesserungsvorschläge:

7.2 Selbsteinschätzung Mitglieder/innen (in leichter Sprache)

In unserem Fanclub sollen sich alle gut fühlen. Darum möchten wir wissen, ob es dir im Fanclub gefällt. Bitte hilf uns dabei. Bitte mache ein Kreuz [X] bei der richtigen Antwort.

	Ich bin ein Mädchen. Ich bin eine Frau.	○

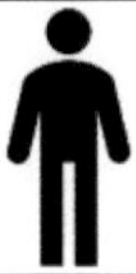	Ich bin ein Junge. Ich bin ein Mann.	○

Erklärung der Zeichen:

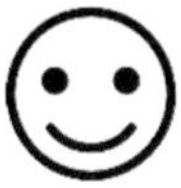	Ja
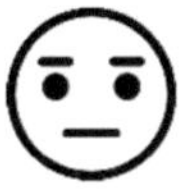	Ich weiß nicht / geht so
	Nein

Fragen zum Zusammensein	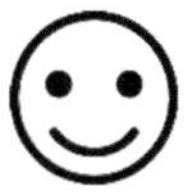	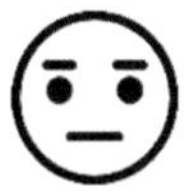	
Ich bin gerne im Fanclub.	○	○	○
Die anderen Fans sind freundlich zu mir.	○	○	○
Die anderen Fans helfen mir, wenn ich Hilfe brauche.	○	○	○
Ich bin freundlich zu den anderen Fans.	○	○	○

Fragen zum Angebot des Fanclubs und der Barrierefreiheit			
Ich kann den Weg ins Stadion alleine schaffen.	○	○	○
Bei Problemen weiß ich, wen ich fragen kann.	○	○	○

Ich kann meine Wünsche und Ideen in den Fanclub einbringen.	O	O	O
Meine Wünsche und Ideen werden beachtet.	O	O	O
Es macht Spaß, zusammen ins Stadion zu gehen.	O	O	O